项目制下的县域行政运行及治理

OPERATION AND GOVERNANCE OF
THE ADMINISTRATION
IN COUNTY UNDER PROJECT SYSTEM

吴映雪　著

社会科学文献出版社
SOCIAL SCIENCES ACADEMIC PRESS (CHINA)

前　言

　　县域行政对社会的稳定和发展以及国家治理现代化具有重要作用。本书集中关注项目制下县域行政运行的特点、变化及其给治理带来的新变化与新问题，重点回答项目制下县域行政是如何运行并开展治理活动的。本书采取实证研究中的案例研究方法，对H县项目运作中县域行政的运行实态进行案例呈现。在访谈、参与式观察等实证考察基础上，总结出项目制下县域行政运行的特点、问题，并从治理现代化的角度提出县域治理优化的对策。最后，从基层治理现代化与国家治理现代化推进的高度论述项目制下县域治理现代化如何助推基层治理与国家治理的现代化。

　　本书选取了H县五类典型项目进行跟踪调查，着重关注县一级行政、乡镇一级行政、行政村三个层级在五类不同项目的酝酿、申报、实施、验收各环节中的运作状态。研究发现，项目制下县域行政运行呈现四大特征：在县域行政运行逻辑上，项目逻辑引导着县域行政运行；在县域行政运行模式上，科层为体、项目为用的模式成为当下县域行政运行的主要模式；在县域行政运行动力上，项目权力成为县域运行的重要动力来源；在县域行政运行效果上，项目运作中产生了对整个县域的项目动员效果，项目不再仅是政府内部的"多线动员"。同时，在项目制下县域也出现了项目竞争与资源不均、项目逐利与执行变通、项目管理与条块行政、项目实施与基层矛盾等问题。因此，本书从治理现代化中多元主体协同，政府、社会、市场界限明晰，县、乡镇、村权责对等的角度提出了县域治理优化的对策。

结合项目制下县域治理优化的分析，透过项目制中反映出来的县域行政运行特征及矛盾问题，继续考察县域治理现代化应该如何与基层治理和国家治理关联才能实现二者的现代化。本书认为，项目制是各治理主体特别是以政府为代表输出公共服务与提供资源的主要方式，项目制是治理的一种主要方式。基层治理现代化与国家治理现代化需要通过项目的纽带，结合治理现代化理论要求，在权力分配与制度完善上实现中央行政、省级行政、市级行政与县域基层行政的权力合理分配与互动。同时，县域也在自治、德治与法治的完善上为国家治理现代化打下坚实的基层现代化治理基础。

目 录

绪 论 ……………………………………………………………… 1

第一章 县域行政与县域治理………………………………… 23
第一节 新中国成立以来的县域行政历史变迁 ……………… 23
第二节 县域行政运作方式 ………………………………… 32
第三节 县域行政与县域治理的互动关系 ………………… 35

第二章 "嵌入"县域行政运行中的项目制………………… 40
第一节 项目制"嵌入"的动因 …………………………… 40
第二节 项目制"嵌入"的表现:"项目治县" ……………… 46
第三节 项目制与县域治理的关系 ………………………… 50
第四节 项目制"嵌入"的典型领域 ……………………… 52

第三章 项目化运作中的县域行政:以 H 县为例………… 63
第一节 H 县概况 …………………………………………… 63
第二节 H 县项目化运作的典型案例 ……………………… 69
第三节 H 县项目化运作的过程 …………………………… 72
第四节 H 县项目化运作中各层级行政的运作逻辑及关系 ……… 90

第四章　项目制下县域行政运行的特点、限度及原因·············· 110

　　第一节　项目制下县域行政运行的特点 ················ 110

　　第二节　项目制下县域行政运行的积极效应 ·········· 128

　　第三节　项目制下县域行政运行的限度 ·············· 132

　　第四节　项目制下县域行政运行限度产生的原因 ······ 141

第五章　项目制下县域行政运行的优化················· 150

　　第一节　项目制的制度性"耗散"优化 ··············· 150

　　第二节　项目制的非制度性"耗散"优化 ············· 156

　　第三节　县域行政的结构优化 ···················· 162

第六章　项目制下县域行政运行与县域治理优化：

　　　　　治理现代化的视角················· 170

　　第一节　县域治理的现代化目标 ················ 171

　　第二节　县域社会治理的优化 ············· 173

　　第三节　县域市场治理的优化 ············· 178

　　第四节　项目制下县域治理优化：一个分析框架 ······ 184

结　　论······················· 187

参考文献····················· 190

后　　记····················· 204

绪　论

一　问题的提出

近代以来，中国一直在探索现代化的道路，治理的现代化是中国式现代化的重要内容。县域行政作为我国的基层行政，其发展及治理对社会的稳定以及国家治理现代化具有重要作用，县域行政现实中所发生的新变化与产生的新问题值得关注与研究。当前，"项目"在县域资源配置中占据较大比重，围绕项目运行所形成的"项目制"对县域行政运行及治理的影响也较大。

20世纪90年代分税制改革以来，"项目"成为中央资金转移支付的重要方式，也由此带来了县域工作及活动重心向"项目"的转变。2017年1~8月笔者以国家级贫困县H县政府办公室综合调研部助理的身份在该县跟班学习，之后又进行了多次回访与跟踪调查。在H县调查期间，县政府办公室综合调研部助理的身份使笔者可以"游走"于县域行政机构中的各大机关、乡镇、村等。在H县8个月的参与式观察及后期的跟踪调研中，笔者感触最深、听到最多的就是"项目"。"项目"在县域一级的关注度及重视度可见一斑。具体情况如下所述。第一，从H县与相邻县来看，各县将"项目治县"纳入县域各级规划中，纷纷以"项目兴县"为口号主推县域的经济社会发展，行动上以"争资跑项"谋取更多的项目，项目建设在各县可谓是"如火如荼""紧锣密鼓"地展开。各县和市之间为项目所开展的竞争也异常激烈，并且从现实的情况来看，未来较长一段时间内这种"项目兴县"的势头有增无减。第二，从 H 县县域内部来看，县各级行政机构、县主要领导、县委常委会、县政府常务会都以项目为重点关注对象；县委、县政府文件中涉及项目的数量，县域围绕项目成立的协调委员会、抽调的"精兵强将"、项目在县考核中的比分权重等均表明项目在县域内部的重要程度。在县域中，抓住了项目就等于抓住了"要害"，对于党政领导来说，抓住了项目更是等于牵住了"牛鼻子"。因此"项目"在县域中的运转成为县域行政新变化中最值得研究的方面。近年来，学界也针对该现象提出了"项目制"的研究概念。那么项目制下县域行政运行情况究竟如何呢？由此，本书对以下问题进行了探讨。

一是项目制下的县域行政运行发生了何种变化，这种变化又与以往有何不同？二是这些变化的原因都有哪些？三是项目制下的县域各主体的活动如何开展以及多个主体间是如何协调、如何关联的？四是项目制下县、乡、村关系及县域内的权力、利益格局发生了何种变化？五是这些变化又带来何种新的问题，形成了何种新的县域行政运行模式？六是这种变化及其所带来的问题将会给县域治理带来何种影响？七是项目制下的变化及问题该如何应对以提升县域治理能力，进而提升整个基层的治理能力，最终实现整个国家治理的现代化。对以上问题的考察可以呈现在新的项目制背景下县域行政运行的实态，进而发现其中较之以往所不同的变化和潜在问题，并且可以进一步观察，当下在以项目制为主要变化影响因素等的现实下，县域行政运行可能存在的普遍性问题，并提出相应的改进方向。这些观察和研究都可以为县域治理、基层治理现代化和国家治理现代化提供更多有价值的对策参考。

因此，本书题为"项目制下的县域行政运行及治理"，以项目制为视角切入，以治理现代化理论为支撑，以 H 县项目的现实运行为例，研究项目制下的县域行政运行及治理。

二　文献综述

本书的核心研究对象是县域行政运行，属于县域研究的范畴，因此需要对县域行政的研究现状进行详细的文献梳理和研究述评。本书的文献回顾主要围绕已有的县域行政相关研究来展开。

（一）有关县域行政的研究

有关县域行政的研究由来已久，现有以县域行政为对象的研究成果相当丰富，相关著作、硕博学位论文及期刊论文等从研究广度和深度上都对县域行政的各个方面进行了关注。

从对县域行政研究的变迁脉络上看，对县域行政的研究基本可以分为三个历史阶段：第一阶段是对中国古代县域行政的研究；第二阶段是对民国时期县域行政的研究；第三阶段是对新中国成立后特别是改革开放以来的县域行政研究。现有的有关三个历史阶段的研究对每一时期的县域行政特征和侧重点及行政性质等都做了较为细致和深入的考察和探讨，基本上将各阶段的县域行政进行了较好的分析，并且在大时间阶段上还进行了小时间节点的细分。如在对第三阶段中的"新中国成立后的县域行政研究上"，就将时间划分为计划经济时代、市场经济时代（以改革开放为时间节点）。由此，历时性研究为从宏观上纵向把握县域行政不同时期的特征和研究议题变迁提供了研究视野，同时可以透过县域行政的历史来更好地考察当前县域行政问题产生的历史渊源。

从县域行政研究的内容上看，现有的研究文献基本上囊括了县域行政中的"人、事、财"三个重要方面。就"人"这一方面来看，现有研究基本上是从县域行政中人事干部的激励、任免、晋升、绩效来展开的；就"事"这一方面来看，现有研究主要关注县域事务管理权；就"财"这一方面来看，研究较多，现有研究围绕县域"财"的分配提出了国家对县域的财政转移支付方式以及不同财政体系下县域行政所发生的变化，也关注了县乡关系中的财政分配关系。

以"人、事、财"为主要内容的研究基本上把握住了县域行政内容的关键方面，因为县域行政基本上是就"人、事、财"所展开的权力分配与运转，县域行政权力体系的形成、各方面行为的产生以及利益关系的博弈均是对"人、事、财"的分配权、处置权和监督权的争取。

从县域行政研究的视角上看，已有的研究视角有县域治理的视角，县域行政改革的视角，县域政治发展与基层治理现代化的视角，国家政权建设的视角，地方政府间关系的视角，政府、社会、市场的视角，县乡村关系的视角，等等。这些研究视角在时间上也经历了不同时段的变化，研究早期关注较多的是县域行政改革，代表人物有于建嵘等；研究后期由县域行政改革向县域治理转变，代表性的著作有樊红敏的《转型中的县域治理：结构、行为与变革——基于中部地区 5 个县的个案研究》、周庆智的《县政治理：权威、资源、秩序》等，与此主题相关的期刊论文也较多。在所有的研究视角中，以国家政权建设为视角的研究占比较大，大多数研究者是以国家政权建设为大框架，来论述县域行政建设对完善国家政权建设方面的重要作用。近些年来，县域政治发展的视角，地方政府间关系的视角，政府、社会、市场的视角，县乡村关系的视角也越来越成为研究者关注的重点，特别是政府、社会、市场的视角，县乡村关系的视角在近些年来更为凸显，代表性的著作和文章也较多。以徐勇为代表的乡村治理研究，代表性文章为《县政、乡派、村治：乡村治理的结构性转换》；以折晓叶为代表的强调政府、社会、市场的研究，代表性文章为《县域政府治理模式的新变化》。这些都让县域行政的研究更为生动和全面。多视角的研究可以从多角度切入县域行政，并且这些研究视角基本上是从宏观的角度去研究和分析县域行政的，有利于对县域行政进行全方位的宏观性把握。

从县域行政研究结果上看，不同视角、不同研究内容和不同研究方法所得的研究结果基本上可以分为以下几类：提出理论解释框架，分析行政本质，提出对策建议。提出理论解释框架和分析行政本质的代表性著作有：杨雪冬的《市场发育、社会生长和公共权力构建——以县为微观分析单位》、周庆智的《中国县级行政结构及其运行——对 W 县的社会学考察》、张静的《基层政权：乡村制度诸问题》（增订本）、樊红敏的《县域政治：权力实践与日常秩序——河南省南河市的体验观察与阐释》等，这些相关著作基本上是通过对现实县域行政的实证考察，构建出了县域行政的理论分析框架。特别是张静在《基层政权：乡村制度诸问题》（增订本）一书中就明确指明该书的"中心主题在于说明乡村社会的权力结构及其性质，并用此解释乡村冲突的结构和制度性来源"。周庆智在《中国县级行政结构及其运行——对 W 县的社会学考察》中也明确提出县级行政权力的本质以及相应的县级行政结构运行的分析框架。从提出对策建议的研究上来看，相关研究都对县域行政的优化提出了对策建议，但综合来看该类对策建议主要是以县域行政改革为目的的。综观已有的研究结果，提出理论解释框架和分析行政本质对县域行政具有根本和深远的指导意义。因为只有对县域行政的本质及基本理论框架有较好的把握才能从最深层次上对县域行政进行分析，才可以对县域行政的未来发展趋势有宏观性的预判。

从县域行政研究方法上看，主要有实证研究、文献研究、比较研究。县域行政的研究从早期的以文献、历史资料等为主的文献研究向以实证、比较为主的经验研究转变。以往的研究以文献考察的纯文献研究为主，而现今的研究以参与式观察、田野调查的一手资料获取为主，并且未来的研究将越来越注重田野调查方式在县域行政研究中的运用。同时，研究的视野也进一步向县际比较、国际比较等发展。随着研究方法和研究视野的扩展，县域行政的相关研究得以更为生动和丰富，特别是对于现实案例的翔实生动的描述将县域行政的时代特征与生动图景展现于研究成果之中。

（二）有关项目制的研究

现实中围绕"项目"展开的活动增多，"项目制"这一新生事物因此不断进入研究视野，并且成为近些年来学术界的研究热点。从当前学术界有关"项目制"研究的已有成果、研究前沿及相关研究综述来看，三篇最有影响力的文章为：渠敬东、周飞舟、应星的《从总体支配到技术治理——基于中国 30 年改革经验的社会学分析》；渠敬东的《项目制：一种新的国家治理体制》；折晓叶、陈婴婴的《项目制的分级运作机制和治理逻辑——对"项目进村"案例的社会学分析》。众多文献都以此三篇文章为重要的参考，本书也从这三篇文章中受到很大的启发。

总体来看，目前有关"项目制"的研究可以从以下三个方面来把握。

一是从学界研究的阶段性特征来看：经历了开始的"经验发现阶段（2013 年以前）"到后来的"经验研究的再推进阶段（2013 年至今）"再到当前的"理论反思阶段（2014 年至今）"。[①]从中可见，项目制是现实中产生的一种围绕"项目"而展开的治理机制，其研究也是从现实进入理论视野。研究经历了从现实中的纯经验描述，到以各种理论视角为切入点的研究剖析及理论框架构建，再到现阶段的理论反思。

二是从"项目制"研究的主要议题来看：李耀锋在《项目制研究的现状与新路径》一文中将当前有关"项目制"的研究分为五个议题，分别是"项目制与国家权力体系及科层结构的关系""项目制与中国财政制度和公共服务的关系""项目制运行中不同主体的行为与策略""项目制实践的社会影响""项目制本身的改革与创新"。[②]每个议

---

① 姬生翔：《"项目制"研究综述：基本逻辑、经验推进与理论反思》，《社会主义研究》2016 年第 4 期，第 165 页。

② 李耀锋：《项目制研究的现状与新路径》，《重庆大学学报》（社会科学版）2016 年第 5 期，第 109 页。

题都关注到了项目在具体运行中所体现的特点和存在的相关问题，也关注到了项目制与其他体制的关系，该研究较为全面地展现了项目制与体制及制度之间的关系。

三是项目制本身微观方面的研究。主要围绕项目制具体运作过程中的各个阶段和机制来进行分析，把项目酝酿、申报、批复、实施、反馈、监督、审计等的各阶段及其相互关系进行详细解剖。对项目制运行机制的探讨是项目制研究较为深入和项目运作过程动态分析的展现，除此之外，学者们还注意到了项目运作过程背后项目与行政互动所产生的分级运作与发生动员机制。折晓叶、陈婴婴的《项目制的分级运作机制和治理逻辑——对"项目进村"案例的社会学分析》、曹龙虎的《作为国家治理机制的"项目制"：一个文献评述》都将项目制的运作过程与行政互动所形成的分级运作机制进行了详细分析。

综合而言，目前有关项目制的研究从宏观和微观、动态和静态等方面分别进行了描述，研究成果为进一步推动项目在现实中的运作提供了重要的学理性分析和对策建议。同时，有的个案研究和翔实的多案例分析也生动地展现了项目在现实中的运作情况，为研究呈现了现实的案例图景。

而依据本书"扶贫项目"和"乡村振兴项目"的研究主题，笔者就有关"扶贫项目制的研究""乡村振兴项目制的研究"做了重点关注。目前与扶贫项目制有关的研究的主要代表性文章有：许汉泽、李小云的《精准扶贫视角下扶贫项目的运作困境及其解释——以华北 W 县的竞争性项目为例》；李博的《项目制扶贫的运作逻辑与地方性实践——以精准扶贫视角看 A 县竞争性扶贫项目》；郑万军的《农村人口空心化下民族地区精准扶贫：项目扶贫 VS 主体培育》；张立衡的《项目扶贫的技术治理逻辑和实践困境》；马良灿的《农村产业化项目扶贫运作逻辑与机制的完善》；等等。以上研究均以项目扶贫为研究主题，分析了扶贫项目在不同地区、不同阶段的运作方式，而且也都突出了近几年来的项目扶贫情况。但这些研究基本上局限于从扶贫项目来谈项目制，以推动扶贫项目的落地和脱贫目标实现为研究目的。这些研究均属于扶贫类的研究，未能从扶贫项目与政府治理和行为的关系方面进行分析，严格意义上不属于政府治理的研究范畴。

就乡村振兴项目制的研究来看，现有的研究主要聚焦于精准扶贫、公共服务等领域的项目，对在乡村振兴这一新的国家战略背景下项目制面临的新情况与新问题的研究还比较欠缺。同时，学界对于乡村振兴的研究主要关注乡村振兴中的农民主体性[①]、发展路径[②]、脱贫攻坚与乡村振兴的有机衔接[③]、乡贤文化传承[④]、农民参与[⑤]等问题，但目前鲜有学者从项目制的角度切入乡村振兴的研究。因此，需要把乡村振兴项目制的研究结合乡村振兴的新问题与新要求进行深化。

（三）有关项目制与县域行政相结合的研究

项目制作为一种机制贯穿于整个国家系统之中，而其与县域行政相关的研究主要体现在项目制与县级行政、与乡镇行政、与行政村相关的研究上。整体来看，将二者结合起来的研究较少，现有的研究大多未将县域行政作为一个系统性的行政体系进行分析，而只是单方面地关注县一级行政、乡镇一级行政或村一级"行政"，其中又以项目制与乡镇行政和行政村的研究较多，与县级行政相关的研究较少，特别是较少关注项目制下县一级政府的运作。而县域不仅

---

① 刘碧、王国敏：《新时代乡村振兴中的农民主体性研究》，《探索》2019年第5期，第116~123页。

② 谢治菊：《诱致性制度变迁视角下乡村振兴的实现路径——基于塘约经验的分析》，《探索》2019年第6期，第173~182页。

③ 汪三贵、冯紫曦：《脱贫攻坚与乡村振兴有机衔接：逻辑关系、内涵与重点内容》，《南京农业大学学报》（社会科学版）2019年第5期，第8~14页。

④ 王广振、王伟林：《乡村振兴视阈下乡贤文化传承与应用研究——基于文化振兴和产业振兴视角》，《理论学刊》2021年第2期，第161~169页。

⑤ 刘新：《乡村振兴背景下农民参与乡村治理的思考——以山东省平原县"三资三务"公开报告会为例》，《重庆理工大学学报（社会科学）》2019年第2期，第79~86页。

包括政府，还包括政党、法院等其他公共权力主体，项目制的运作也受该类主体的影响。代表性的文献有：田先红的《项目化治理：城市化进程中的县域政府行为研究》；李祖佩、钟涨宝的《项目动员："统合化"背景下的县域政府治理》《分级处理与资源依赖——项目制基层实践中矛盾调处与秩序维持》；杜春林、张新文的《科层制与项目制：农村公共服务供给方式的演变及反思》；付伟、焦长权的《"协调型"政权：项目制运作下的乡镇政府》。这些研究通过分析"项目下乡"将项目如何具体从乡镇落实到村进行了详细的论述，并且对其中乡镇与村庄扮演的角色及所处的地位进行了细分。

就单从有关项目制扶贫与县域行政的研究来看，从治理角度切入来研究扶贫项目与地方治理二者关系的论文有许多，如唐佩的硕士学位论文《项目扶贫：欠发达地区地方政府的一种治理模式——基于贵州省艾纳香项目的研究》、樊婷的硕士学位论文《"项目进村"背景下乡村社会治理主体间互动关系研究——以 R 村为例》，突破了以往单方面的以扶贫项目而谈扶贫的研究。但这些研究都缺乏有关县域行政内部各部门运行、部门关系、相互之间互动，整个县域行政与上级行政、县域行政未来发展及治理现代化方面的专门论述。从乡村振兴项目与县域行政的研究来看，现有研究更多单方面地研究村一级或镇一级的乡村振兴项目，从整个县域层面展开研究的较少。如叶娟丽、周泽龙的《乡村振兴背景下乡镇政府的"经营政治"——基于 X 村民宿项目的考察》；袁梦的《乡村振兴中的项目式集体经济：实践探索与发展定位》等都是从乡镇一级出发探讨项目发展的研究。

（四）研究述评

综览现有县域行政、项目制单方面的研究以及将县域行政与项目制结合起来的研究，虽然研究的领域、内容、视角、方法等都较为丰富，但尚有以下几个方面可以进行突破。

从研究内容上，加强对县域行政运行状态的研究。县域行政的运行状态是动态的县域行政运作方式的展现，而现有研究大多是静态的。虽然也有以案例描述形式呈现的动态研究，但相关研究的生动与翔实程度仍有待加强，县域行政的实际运行情况还需要大量的实证研究才能进一步呈现。

从研究效果上，加强解释性框架的研究。解释性框架的研究能够对县域行政运行的现实状态进行更深层次的理论抽象与解释性的框架分析，能够将一般性的问题上升为具有指导意义的普遍性规律。因此，对县域行政的研究应从具体现实个案总结基础上，上升到县域行政本质意义的解释性框架研究上来。同时，结合基层治理现代化的相关理论，将县域行政的建设与国家治理现代化结合起来，将如何实现治理现代化这一大问题作为研究导向，从县域行政完善、助推治理现代化进行研究。

从研究框架上，加强项目制与县域行政相结合的研究。一方面，突破现有将项目制与县、乡镇、村独立开来进行研究的局面。虽然这种三者"独立式"的研究更能深入县、乡镇、村的各个单元，却很难将三者有效地衔接起来。现实的情况是县、乡镇、村是紧密联系的，往往许多乡镇和村存在的问题是县一级行政的项目规划和任务分配不合理造成的。因此，"县治、乡治和村治实证研究不能各自为营、相互割裂，要超越仅仅专注本级政权或村民自治运行的实证研究做法。可加强典型个案县的县乡政府管理与村民自治的衔接与互动机制综合实证研究，形成中国县域政治运行的整体综合图景"①。另一方面，突破就项目谈项目制的研究局面，应从项目本身的运行与建设中透视县域行政所存在的问题，即跳出仅以推动项目建设与落地为目标的项目建设的研究，从项目建设落地的过程去透视整个县域行政运行。同时，加强对项目制下整个县域公权力系统的研究，而不仅侧重政府内部的行为研究，从县委、人大、政协、法院、检

---

① 彭润金:《中国县域政治研究评估与展望》,《中国社会科学报》2016 年 3 月 23 日，第7 版。

察院等方面系统性地进行研究。

从研究方法上，加强以案例群为方式的实证研究。单个个案的代表性和说服力都时常遭到质疑，因此通过增加案例的个数以及案例之间差异分析的方式能够有效地增加研究的可信度。本书除了对 H 县进行深入的、长时性的剖析之外，还加入了笔者在 J 区实施乡村振兴领导小组办公室推进项目建设的挂职所见与总结。现实中有着丰富的案例素材，多种类案例的分析能够进一步把握县域行政运行的现实状态。

综上所述，结合现有研究的成果和不足，本书从"县域行政运行"这一研究对象出发，以项目制为切入视角，突出"项目权力"这一核心概念，采用案例研究的方法，动态分析县域行政中县、乡镇、村的联系与互动，以期对我国的县域行政建设、县域治理和基层治理现代化有所裨益。

三 核心概念与理论基础

（一）核心概念界定

1. 项目制

"项目制"概念自提出以来一直遭到学界各方的质疑与批判。较早提出"项目制"概念并具有代表性的界定有以下两种。折晓叶、陈婴婴在分析中央与地方财税分配由包干制改为分税制的改革中提出，"在收入越加集权的体制下，资金的分配却出现了依靠'条线'体制另行运作的情形，即财政转移支付采用项目制的方式在行政层级体制之外灵活处理"[1]。渠敬东认为："项目制不单指某种项目的运行过程，也非单指项目管理的各类制度，而更是一种能够将国家从中央到地方的各层级关系以及社会各领域统合起来的治理模式。项目制不仅是一种体制，也是一种能够使体制积极运转起来的机制；

---

[1] 折晓叶、陈婴婴：《项目制的分级运作机制和治理逻辑——对"项目进村"案例的社会学分析》，《中国社会科学》2011 年第 4 期，第 130 页。

同时，它更是一种思维模式，决定着国家、社会集团乃至具体的个人如何构建决策和行动的战略和策略。"① 项目制概念是对比了先前的科层制、单位制，将项目制界定为与科层制、单位制等具有同等治理意义的治理模式而提出来的。

对项目制概念提出的质疑主要有以下几点。李祖佩提出，"项目制没有提供一整套新的治理体制，而只是作为国家自上而下输入资源的一种方式，并没有形塑新的制度和体制空间，没有形成新的行之有效的正式制度增量。既有的基层政治社会结构无法被绕开，更无法被替代，在项目下乡过程中，新老结构得以结合起来，并以一种不同于项目制度设置所追求的形态表现出来"②。黄宗智、龚为纲、高原提出，"在实际运作中，'项目制'所遵循的其实是另一套逻辑，是逐利价值观下所形成的权－钱结合，主要展示为'官商勾结'"③。以上观点对项目制成为一种治理体制和机制的观点存在质疑，仅将项目运作定义为依附于科层制的资源分配方式。这种采用"项目"进行资源分配与供给的方式，受到行政系统以及政治需求等多方面的影响，凸显出各种问题，从而无法达到资源的合理与有效分配。

结合以上有关项目制界定的观点，笔者发现学者们质疑与批判的焦点在于以下三点。第一，现实中中央财政是否以"项目"进行转移支付、各级政府是否以"项目"进行公共服务提供的形式形成了类似于"单位制"的体制和机制。第二，"项目制"这种体制和机制是否成为国家治理的重要形式，是否给现实的治理带来了重要影响。第三，项目制是否改变了原有的治理模式，产生了一种新的

---

① 渠敬东：《项目制：一种新的国家治理体制》，《中国社会科学》2012 年第 5 期，第 120 页。

② 李祖佩：《分利秩序——鸽镇的项目运作与乡村治理（2007—2013）》，社会科学文献出版社，2016，第 94 页。

③ 黄宗智、龚为纲、高原：《"项目制"的运作机制和效果是"合理化"吗？》，《开放时代》2014 年第 5 期，第 150 页。

治理形式及政府运作模式。但这两种截然相反的观点都有一个前提，即肯定了项目及其运作方式在我国现行治理中已产生了重要的影响，都对项目化的运作方式成为资源分配与公共服务供给的模式进行了认可。二者的分歧只是在于这种项目化的运作方式是否形成了一种"刚性"的体制与机制。

综合学界观点，结合现实调研中的考察，本书将项目制界定如下：项目制是一种把项目作为资源分配与供给手段的资源分配形式，其带来了利益关系、动员机制、工作重心的变化，进而产生了一种新的以项目及其运作为核心的制度与机制。这种制度与机制的发挥超越原有制度与机制，但仍在原有制度与机制的基础上发挥作用。项目制可以总结为一种以项目及其运作为核心的制度与机制，是一种治理重心的变化。项目制是与治理紧密相关的概念，本书对项目制的理解以渠敬东对项目制的定义为基础，着重关注项目制与治理之间的关系。

2. 县域行政

县域行政是指公权力在县域内的组织形式、活动方式、运作情况等。行政是对一切掌握与执行公权力的机构及人员的总称，其核心是对权力的执掌与运用，进而能够对资源进行权威性分配。县域行政包括县一级行政、乡镇一级行政、村一级"行政"。虽然按照我国《村民委员会组织法》的规定：村民委员会是村民自我管理、自我教育、自我服务的基层群众性自治组织。但近些年来，随着行政权力的下沉，村民委员会委员实行坐班制，工资及绩效考核也纳入财政拨款。村党支部委员会是中国共产党在农村设的最基层组织，其在很大程度上领导着村民委员会，二者共同组成了村一级"行政"，俗称村"两委"。也因此，村委会受到执政党以及行政权力的影响较大，在很大程度上凸显了半行政化的色彩。因此，对县域行政的分析也应当包括村一级的"类行政"组织。

从组织架构来看，县域行政需要相应的组织及机构作为行政运作的载体。从中央与地方关系来看，我国是单一制国家，从中央到地方共有五级政权：中央、省、市、县、镇（乡）。"从一定程度上来说，县级政府其实是中央政府的微型化组织。中央政府各部委的职能，除国防、外交等特殊部门外，县级政府基本上是对口设置。"①县一级行政中的党委、人大、政府、政协俗称"四大班子"组成了县级行政的基本架构，同时各大班子下属的部门及职能机构又是县级行政的具体执行机构。最突出的即为政府部门，下辖30多个职能局，各职能局的工作都关乎县域的重大民生，同时，县一级行政中的各组织机构都与上级各部门相对应。乡镇一级行政是县一级行政的缩影，乡镇的机构设置对应着县级行政中的相应机构。村一级"类行政"组织，主要为村党支部委员会、村民委员会，县级行政与乡镇行政的各项治理任务及事项都需要通过村"两委"落实到村。

从县域行政的功能来看，可划分为政治、行政两大功能。政治功能主要表现在各级政府中都设有中国共产党的组织。在我国，中国共产党是执政党，县域行政的政治功能强调的是在中国共产党的领导下进行县域行政的建设以及县域经济、民生及社会的发展。行政功能主要表现在关乎民生的行政管理以及公共服务提供的工作上。

因此，县域行政概念包含行政的内涵构成、组织架构、运作方式、职能工作等内容，本书对于县域行政运行的展开也将围绕县域行政的各项具体内容而进行。

3. 基层治理

"治理可以被理解为：怀着不同的利益和观点的行为者为了达成共同目标而进行的协作。"②"治理"一词区别于"统治""管理"，更

①　陈国权、李院林：《论县政的内涵及其改革的实质与目标》，《社会科学战线》2010年第8期，第176页。

②　Roderick Rhodes. "The New Governance: Governing without Government," *Political Studies* 44, 1996 (4): 656.

强调多元利益主体合作、协商。因此，基层治理是指县以下区域的治理，强调各利益主体协商、合作共治的模式。在此有必要对基层治理、县域治理、县政治理三个概念进行区分。具体而言，三者都包含"治理"的理念，都强调尊重公民主体地位的多元主体合作的治理。不同点在于三者的范围及侧重点有所不同。基层治理内涵最广，包含县域治理与县政治理。内涵最窄的为县政治理，仅强调国家权力系统的治理。从三者关系来看，基层治理与县域治理都是以县域为单位的治理，并且由于县政治理以强制力与暴力机关为支撑，县政治理在基层治理中容易自我膨胀进而压制其他治理主体。因此，基层治理需要对县政治理进行重点关注。由此可见，对于基层治理的关注需要将县域治理、县政治理概念进行较好地区分，在三者概念厘清的基础上开展研究。

（二）理论基础

治理现代化理论是本书的主要理论参照。现代化是指整个社会由传统向现代转型的过程，实现传统社会向现代社会的转变。第二次世界大战后，新兴的第三世界国家开始了现代化进程，也由此学者对该类国家的现代化进行了大量的研究，形成了相应的"现代化学"。治理现代化理论是对多个有关现代化治理实现的理论的合称，凡是有利于现代化实现的理论都可以纳入此类理论的范畴。最有代表性的为美国学者塞缪尔·P.亨廷顿（Samuel P. Huntington）对现代化进程的理论分析。同时，多中心治理理论、协同治理理论也是治理现代化理论的重要组成部分。

我国自鸦片战争以来就开始了国家的现代化进程。在新中国成立后，国家的各项事业都是在实现中华民族的伟大复兴与国家的现代化目标下进行的。由此，本书依据亨廷顿的政治现代化理论，再结合治理理论的内容，将县域行政运行与治理置于治理现代化理论的体系之下，具体考察项目制下县域行政运行及治理的内容。在此基础之上，将县域治理现代化、基层治理现代化和国家治理现代化三者结合起来。县域治理现代化是基层治理现代化的重要构件，基层治理现代化又是国家治理现代化的重要基础。三者层层推进，从县域治理现代化提升至基层治理现代化，最后实现国家治理现代化。

亨廷顿将政治现代化最关键的三个方面总结为：一是权威的合法化，"单一的、世俗的、全国的政治权威来取代传统的、宗教的、家庭和种族的等五花八门的政治权威"[1]；二是新的政治职能由专业化的结构来执行；三是增加社会所有集团参政程度。

结合多中心治理、协同治理、公共管理等理论的内容，将治理理论的内涵总结如下：一是在治理主体上，突出治理主体的多元，突破政府一元化的治理格局，突出政府、社会组织、公司、企业、公民等多中心多元的治理主体；二是在治理方式上，区别于传统的"统治""管理"方式，强调"治理"，突出民主、协商、法治、制度化因素；三是在治理格局上，整个治理呈现的是政府、社会、市场共建共治共享的治理格局，政府、社会、市场关系明晰且发展良好。

结合政治现代化与治理理论的内容，治理现代化理论主要指传统的统治与管理方式向现代的方向转化，向着多元主体参与，政府治理方式和职能定位更规范化，权力体系法制化，政府与社会、市场界限更明晰等方向发展的现代化形式的治理。

四　研究思路与研究框架

（一）研究思路

本书以 H 县典型项目为例，在深入的参与式观察基础上，考察了 H 县项目从精准扶贫到乡村振兴期间的发展、J 区乡村振兴项目如何从县到乡镇再具体落实到村的实施进路，以及该县项目从村到

---

[1]　塞缪尔·P.亨廷顿：《变化社会中的政治秩序》，王冠华、刘为等译，上海人民出版社，2008，第 27 页。

乡镇再到县所呈现的反馈互动过程，分析整个项目运作过程中县域行政的运行。具体分析在该过程中各级政府及职能部门的权力划分与职责分配、协调合作模式、利益关联、角色定位和行为逻辑等。同时也关注政府部门之外的社会组织、普通民众在项目运作过程中的参与对县域行政运行所产生的影响。本书围绕以下三条主线展开。

第一，以县域行政的运转轴为主线。以县、乡镇、村为研究主脉络，关注项目在县、乡镇、村三个不同区段的具体运行，以及项目制输入和反馈的两条线路即自上而下从县到乡镇再落实到村和自下而上从村到乡镇再回馈到县的整个动态互动过程。关注县级行政组织、乡镇（上承接县级政府下对接行政村这一主要"中介"）行政组织、行政村三者在县域行政运转中的作用。突出县域行政运转轴中的"项目权力"在项目的具体运作中对县域人、事、财等方面是如何调动与分配的。

第二，以项目本身的申报、审批、实施、督查、审核为主线展开。主要分析项目在立项、申请、审核、分配、批复、实施、监管、验收、评估、审计及奖罚等各阶段分别在县、乡镇、村各区间是如何展开的。本书围绕县域行政的运转线和项目自身从申报到落地的运转线这两条主线的相互交叉而展开分析。

第三，治理现代化是贯穿整个研究的思维路线。本书的研究思路如图 0-1 所示，图中展示了研究概念之间的层级关系与思维递进路线，治理现代化的实现是整个研究的目标导向。从图 0-1 中可见，县域行政是本书的研究核心，整个研究围绕县域行政展开。从县域行政出发，"项目制"是研究的主要切入视角，并选取扶贫项目、乡村振兴项目作为项目制实施的典型案例来进行分析；在项目制下县域行政研究的基础上，就基层治理现代化的实现进行分析，并在基层治理现代化的基础上推进国家治理现代化。所有研究概念之间是层层递进的关系。

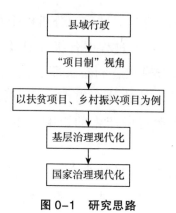

图 0-1 研究思路

（二）研究框架

第一章是县域行政与县域治理。第一章从历史及理论上探讨了县域行政与县域治理之间的关联，为后文提供了历史及理论分析的基础。首先，对新中国成立以来的县域行政变迁进行考察，突出关注县域行政运行与基层治理在历史中的关系特征。其次，在历史分析的基础上总结出县域行政的运作方式特点，并对县域行政长期以来是如何运作的进行详细描述。同时，也对县域行政运作中出现的项目制嵌入这一新变化进行突出论述。最后，对县域行政与县域治理之间的关系从理论层面进行论述，展现县域行政与县域治理之间的内在关联。

第二章从项目制着手，分析项目制是如何"嵌入"县域行政运行之中的。首先，分析项目制在近几年为何盛行，为何这种项目制成为我国政府治理的一种重要方式，并且分析现实中各县纷纷提出"项目治县"以达到"项目兴县"这类口号的原因。其次，分析在此背景下，项目制是如何影响并"嵌入"县域行政运行的，这种影响和"嵌入"都是以何种方式、从行政中的哪些部门、通过何种形式进入了县域行政运行中的，而这种项目制的引入又与以往项目制未推行之前的县域行政运行有何不同。最后，分析项目制的典型——扶贫项目制、乡村振兴项目制。具体分析扶贫项目制和乡村振兴项目制模式生成的原因，项目化扶贫、项目化乡村振兴的体系以及运作方式。这一章的分析将项目制、项目扶贫、乡村振兴项目、县域行政四个核心概念间的内在联系和影响作用机制及其内在逻辑进行了展现。

第三章以 H 县为分析个案,对 H 县的项目化扶贫与项目化乡村振兴进行翔实的案例解剖,并对比了 J 区的乡村振兴项目推进情况。本书通过第三章主要展现了现实中项目制下县域行政的客观运行现状。在对 H 县现有项目进行总体性概括和 J 区乡村振兴项目对比分析的基础上,按项目的主要类型选取五大典型案例。具体考察五大典型案例在酝酿、申报、实施、验收、运营等各流程中,县级行政、乡镇行政、行政村三个层级的运作以及三者的互动与联系,进而总结出县域行政运行的客观现状。

第四章在第三章的基础之上总结出项目制下县域行政运行的特点、积极效应与限度,并分析限度产生的原因。县域行政运行的特点主要依据 H 县项目化运作的现实情况进行总结;县域行政运行存在的问题主要从县域治理角度来考察,具体分析 H 县项目化运作中县域治理产生的新问题与新困境。在此基础上结合我国现存体制与制度对问题进行根本性与直接性原因的分析。

第五章尝试提出项目制下县域行政运行的优化路径。一方面针对项目制的制度性“耗散”提出精简项目流程、精准分配项目资金、精细项目管理的优化路径。另一方面针对非制度性“耗散”提出的优化路径为:调查分析,做好项目整体规划与分配;统筹整合,提高项目利益协调能力;多元参与,强化项目监督;条块互通,优化条块关系。并进一步强调要加强县域行政的结构优化,增强县域权力的制度化,县、乡镇、村的权责对等化,加强科层制与项目制的有机融合。

第六章针对项目制下县域行政运行所存在的问题,从治理现代化的视角提出县域治理的优化路径。依据治理现代化理论中治理主体多元,治理方式协同合作,政府、社会、市场治理界限明晰的内容,本书分别从政府、社会、市场三个方面提出项目制下县域治理现代化的优化路径。

结论部分是对本书的总结和归纳。一方面结合前文的分析与思考总结出本书的研究结论，另一方面提出研究尚待进一步思考与完善的问题。

五 研究方法

（一）田野调查

本书主要采用实证研究的方式，辅以文献研究的方法。在实证研究上，以典型县为个案，采用个案研究的方式，深入县域进行参与式的田野调查。实证资料的获取方式主要通过参与式观察和结构化与非结构化访谈。参与式观察的范围包括参与县政府日常事务以及与项目建设相关的委员会、常务会、推进会、现场办公会等会议，同时还参加与跟进项目建设中的下乡调研和现场督查。在文献研究上，主要对县域已有的相关文献进行收集与整理，包括所调查县的县志、历史文献、历年文件汇编、会议资料等。通过对历年资料的分析来对县的历史发展和县域行政运行的历史与现状进行时间上的纵向对比，进而考察项目制给县域行政运行带来的影响，展现项目制产生前后县域行政运行的异同。

本书的资料构成包括：政府的文件、总结报告、统计数据、财政台账等，结构化与非结构化的访谈记录，调研中参与会议所做的会议记录，以及依据调研中所见所闻所记录的调研日记。

2017年1月至8月，笔者以H县政府办公室综合调研部助理的身份跟班学习，随后又进行多次回访与跟踪调查。笔者在H县的调研路线分为县一级、乡镇一级、村一级三条路线。县一级主要选取与项目相关的各大职能局进行访谈与资料收集，访谈对象主要为各大职能局负责人以及项目建设的重点联系人。调研的职能局主要有县委、县政府办、县人大、县政协、县财政局、县扶贫开发办、县乡村振兴局、县水利局、县发改局、县住建局、县农业农村局，并且着重对县域成立的项目指挥部进行了专门的跟踪式走访调研。乡镇一级主要选取三个有代表性的乡镇，分别为城关镇、农业乡镇、涉矿乡镇这三个不同收入来源的乡镇，并对每个乡镇进行重点访谈与跟踪调查。村一级走访了以上三个乡镇中的各大贫困村与非贫困村、乡村振兴示范村，并进行了两个月的驻村调研。对脱贫攻坚时期的驻村干部、驻村第一书记、扶贫干部、村支书、村主任、养殖大户、贫困户、普通村民，当前乡村振兴中的驻村第一书记、脱贫户、防返贫监测户等人员都进行了访谈。在整个调研中从县、乡镇、村收集了上百万字的一手资料①，本书正是建立在对这些资料的分析与总结基础之上。

笔者在 J 区的调查得益于笔者在 J 区区委实施乡村振兴战略领导小组办公室的挂职经历，在这期间亲自参与并具体执行了 J 区各项乡村振兴工作。

（二）调查点的选择

本书选取位于我国中部偏西的"国家扶贫开发工作重点县"H 县为调查点。H 县调研点的选择基于以下三个原因。一是 H 县有较强的代表性。近些年来，"项目治县"越来越成为 H 县的发展方式，项目在 H 县县域行政中的影响作用逐年加大。但相较于"项目治县"模式发展成熟的其他县市，H 县尚处于"项目治县"的兴起阶段，即从"非项目治县"向"项目治县"转变的过渡期。项目的申报、落实、监管、审核等都尚处于一个不断摸索并走向成熟的时期。H 县的这一转变"过渡期"，可以更好地考察县域行政运行在"项目治县"以前和之后所发生的变化并有利于进行前后的比较。二是 H 县的情况具有普遍性，能够代表我国绝大多数县，对 H 县的研究具有全国的推广意义。H 县与全国的大部分县并无差别，部分区别仅在于 H 县是少数民族聚居县。"项目治县"在 H 县处于兴起阶段，再加上该县的贫困发生率高与领导的重视，因此精准扶贫在 H 县是重要的县域任务，当前乡村振兴战略下，H 县积极谋划做好脱贫攻坚与乡村振兴的衔接工

---

① 基于学术研究的惯例，本书对相关的地名、人名、企业名都作了匿名化处理。同时，对于书中出现的相关个案、事例未作特别说明者，皆来自笔者的田野调查。

作，争创全国乡村振兴示范县。对于经济欠发达地区的县来说，通过依靠中央转移支付形式的"项目"来推动县域的发展是它们发展的主要模式，也因此 H 县对项目的依赖和争取相较于发达地区更为强烈。因此，通过对 H 县的研究可以基本上对项目制大背景下我国县域行政尤其是整个中西部地区县的县域行政运行情况进行了解。那么就 H 县种类众多的项目来看，为何选择该县扶贫项目和乡村振兴项目作为分析对象呢？一方面，作为"国家扶贫开发工作重点县"，扶贫工作是该县的主要工作，该县的大多数项目是与"精准扶贫"相挂钩的；另一方面，"精准扶贫"本身所包含的"十大工程"以及精细化的任务分解等一系列自成体系的扶贫系统已深入 H 县的各个"角落"，使得"精准扶贫"可以成为考察 H 县县域行政运行的典型案例，并且"精准扶贫"这一政策性的扶贫系统主要是靠项目来推动的，扶贫类项目是分析 H 县县域行政运行绕不开的项目类型。同时，乡村振兴项目是对扶贫项目的优化升级和有序衔接。项目衔接也是扶贫与乡村振兴有序衔接中的重要内容，乡村振兴项目延续了扶贫项目的各大特征，能够有效地展现县域行政运作的各个过程。三是个人熟悉度。笔者为 H 县人，对于 H 县的县政县情较为熟悉，在调查结束后，还会多次往返家乡进行跟踪回访。在 H 县的关系网也有利于笔者更好地进入 H 县进行田野调查，更能获取项目建设等一手的调查资料，并且笔者以实习的名义，获得在 H 县政府办公室"工作"的机会，以 H 县政府工作人员的身份在 H 县"工作"8 个月，这些都为笔者收集相关的研究材料提供了极大的便利。

本书选取 J 区作为研究的对比分析点是基于以下两点：第一，J区是城镇化率高的区，周边农村是典型的城郊农村，研究乡村振兴项目在该区的推进可以较好地分析城郊农村的项目特点；第二，笔者在 J 区区委实施乡村振兴战略领导小组办公室挂职期间，亲自参与了 J 区乡村振兴项目的推进，能够更真实、全面地展现县一级政府项目运作的全过程。

第一章 县域行政与县域治理

县域行政与县域治理之间有着紧密的联系，研究县域行政运行是为了实现更好的县域治理，从而最终实现基层治理现代化，进而最终达成整个国家治理现代化。因此，本章首先通过考察新中国成立以来的县域行政历史变迁，从中总结出县域行政运行、县域治理与基层治理关系的历史变化；其次在历史总结的基础上分析县域行政运行方式和特点、县域行政与县域治理之间内在关系特征，并分析近些年来"嵌入"县域行政运行中的项目制新现象；最后从县域行政与县域治理关系上来探讨县域行政是如何实现更有效的县域治理的。

第一节 新中国成立以来的县域行政历史变迁

本节主要考察新中国成立以来的县域行政历史变迁，以新中国成立为时间节点来考察基于以下两个原因。一是新中国成立后现代行政组织在县域才算真正确立。自清代以来国家行政向县一级的延伸，都遭遇了"乡绅①治县""经纪人"②等因素的阻碍，国家行政体

---

① 乡绅是指在乡村社会拥有一定知识与社会地位，并且因获得国家以及所在地区民众一定认可而取得治理权力的群体。乡绅介于国家正式权力与民众之间，在很长一段时间内成为国家治理的代理人。

② 杜赞奇:《文化、权力与国家——1900—1942 年的华北农村》，王福明译，江苏人民出版社，2010。杜赞奇在该书中将以收取平民纳税佣金为营利型事业的，（转下页）

系难以进入县以下区域，更别说乡村社会。但在新中国成立后，新的行政体系不仅深入县以下，而且影响到家庭及个人生活的方方面面。因此，考察县域行政的历史变迁是基于新中国成立以来现代国家行政组织在县一级真正确立的基础之上。二是县域行政的变迁主要受到来自执政党执政理念转变的影响。通过回顾与考察新中国成立以来县域行政变迁发现，整个县域行政的运作与发展是在作为执政党的中国共产党带领下进行的，执政党执政理念与执政方式的变化是导致县域行政变迁的重要原因。执政党的重大会议是县域行政运作变迁的重要时间节点。因此，通过对执政党历次重大会议带来的执政理念与执政方式变化的考察，可以对新中国成立以来县域行政以及县域治理的变迁进行历史的纵向总结。在此基础上，也能对县域行政当下及未来发展做较好的展望。因此，本书依据县域行政变迁的特点将县域行政运行总结为以下几个时间段。

一 社会主义革命和建设中的县域行政

该阶段县域行政有两大特征：一是完善县域行政机构建设；二是政治统治职能突出，政府行政统治特征明显。具体来看，县域行政这两大特征在 1949~1977 年的近 30 年中的分布又有所侧重，可以细分为：1949~1965 年，国家行政机构确立、社会主义改造、县域行政主导经济发展的近 20 年；1966~1978 年，县域行政统治职能与政治职能凸显，行政机构被破坏的 10 年。

（一）1949~1965 年

1949~1965 年，县域行政机构建设并确立、社会主义改造、县域行政主导经济发展的近 20 年。首先，1949 年至 1956 年社会主义改造完成之前，县域行政主要进行行政体系确立与机构完善的工作。

（接上页）游走于正式国家政权与民众之间的利益群体称为"经纪人"，包括营利型与保护型经纪人。这些"经纪人"的存在导致"国家政权的内卷化"，国家政权未能深入县、村等以下领域，未能实现对社会的有效统合与管理。

1949 年中国共产党领导的行政体系刚刚确立，在全国广大县域社会中旧行政体系的势力以及机构还未完全清除。因此，在这将近 10 年的时间中，县域行政都是处于机构完善与旧势力清除的阶段，以保证新行政体系的统治地位，并且，对农业、手工业和资本主义工商业进行的社会主义改造在很大程度上也是对行政体系政治性质进行确立的过程，以实现行政体系的社会主义性质。随着国家行政机构及社会主义改造的完成，中国共产党打破了自秦以来"皇权不下县"的历史，基本实现了县以下区域的行政机构建设。"历史的进程最后选择中国共产党以其对社会各层面强大的组织能力完成了国家内部的有力整合。这种整合的面貌体现为政党－政府体制全面贯彻到社会、经济和文化的各个领域。"[1] 在该阶段，县域行政实现了对县、乡镇、村的有效治理，为接下来的县域治理打下了坚实的基础。

其次，在行政体系建设与确立过程中，县域行政同时也极大影响着整个县域的经济发展。1953~1957 年的"一五"计划、1956 年制定的《关于发展国民经济的第二个五年计划的建议》都体现了县域行政的经济建设职能，并且这种经济建设是在政府高度集中与计划下进行的。同时，从中央与地方的关系来看，县域行政在该时期自主性较低。

（二）1966~1977 年

1966~1977 年，县域行政主要行使政治的统治职能，行政机构遭到严重破坏，其中包含"文革"的 10 年。"文革"10 年中，县域的经济职能基本被消除，凸显的是政治统治职能。同时，县域行政在前期建设完成的大部分机构也遭到破坏。县域行政运行在该时期表现为无序的、不按规则的运行，法律、制度等被无视。

综合来看，新中国成立后的近 30 年中，县域行政主要是进行政治统治与行政性的计划经济发展，统治与行政成为该时期县域行政

---

① 刘伟：《迈向现代国家——新中国建国六十年国家政权建设的回顾、总结与展望》，《甘肃行政学院学报》2009 年第 5 期，第 20 页。

的重要特征。而这一时期，虽然遭到"文革"的破坏，但县域行政
机构已基本具备现代机构的特征，完成了县级以下的现代行政机构
建设，为后来县域行政经济职能与管理职能的发挥提供了基本的机
构支撑。

二 改革开放和社会主义现代化建设中的县域行政

1978~1994 年，以中国共产党第十一届中央委员会第三次全体
会议为起点，以 1994 年的分税制改革为终点，该阶段县域行政主
要以县域经济建设为中心，县域行政的职能由政治统治向经济转变。
党的十一届三中全会做出了改革开放和以经济建设为中心的历史转
变，而分税制的改革体现了以中央与地方权责为内核的财税分配的
变化情况。因此，以党的十一届三中全会和分税制改革为时间节点
来考察能够对县域行政运行特征和权责配置做较好的回顾。

该阶段县域以经济建设为中心，县域行政政治统治职能为经济
职能服务。随着党的十一届三中全会后改革开放的确立，县域行政
在恢复了原有机构设置的基础上，着重发展县域经济。主要表现为：
一是实施政治职能的党委系统主要对县域的大政方针进行领导，《中
国共产党第十一届中央委员会第三次全体会议公报》指出："应该在
党的一元化领导之下，认真解决党政企不分、以党代政、以政代企
的现象，实行分级分工分人负责。"① 二是政府作为行政管理主体为
经济发展提供服务，商品经济向市场经济逐步过渡，市场不断发育。
但政府在该过程中对经济发展的干预作用仍较大，在政府与市场的
关系中仍是政府占据主导地位。政府主要通过政策影响市场，政府
政策放宽度的大小对市场的影响较大，如政府出台的涉及土地、行
政审批、乡镇企业发展等有利于经济发展的政策对放活市场、激活
县域经济起到了重要作用。《中国共产党第十一届中央委员会第三次

---

① 中共中央文献研究室编《三中全会以来重要文献选编》（上），人民出版社，1982，第
7页。

全体会议公报》中提到"应该有领导地大胆下放，让地方和工农业企业在国家统一计划的指导下有更多的经营管理自主权"。[①] 1979 年 7 月国务院颁发了《国务院关于发展社队企业若干问题的规定（试行草案）》；1984 年 3 月颁发了《中共中央、国务院转发农牧渔业部和部党组关于开创社队企业新局面的报告的通知》，并提出将社队企业改为乡镇企业。这些政策文件都极大地促进了乡镇企业的发展。虽然在该过程中，各大经济政策也经历了变动及摇摆的时期，但整体来看，县域行政在经济建设中发挥的经济职能为县域发展以及政府、市场关系的优化提供了契机。

从县域行政与中央权力分配的情况来看，1978 年改革开放以来地方权力有所扩大，县域行政的自主性得到提升。一方面，中央对县一级的管控下降，中央对县一级权力进行了下放。县域经济得到发展的同时，县域权力也得到了扩大。另一方面，1994 年前比较分权的财政包干制度对县域权力的扩大起到了重要作用。财政包干制度与新中国成立初期高度集中的统收统支财税制度相比，县域的财政自主权得到放宽，并且由于县域经济发展带来了县域财政收入的增加，县域行政可以自主支配的用于县域经济、社会、民生、文化等各项事务的经费得到增加，县域的自主发展权与支配权得到提升。

从县域行政对社会的管控来看，该时期社会稳定与治安管理的压力加大，县域行政不得不以管控的方式维持县域的运转。改革开放后，利益分化、新兴社会势力、新阶层、新兴利益集团等出现，各自纷纷表达自身的利益诉求。"现代性孕育着稳定，而现代化过程却滋生着动乱。"[②] 县域行政在经济发展的同时面临着巨大的社会稳定与治安问题，现代化进程中的不稳定需要强有力的行政机构来维持。

---

① 中共中央文献研究室编《十一届三中全会以来党的历次全国代表大会中央全会重要文件选编》（上），中央文献出版社，1997，第 23 页。

② 塞缪尔·P. 亨廷顿：《变化社会中的政治秩序》，王冠华、刘为等译，上海人民出版社，2008，第 31 页。

因此县域行政对于市场及社会的管理主要为管控的方式，目的是防止社会动乱的发生。

整体来看，该时期虽然县域行政管控力突出，但政府的经济职能成为该时期县域行政的重心。同时，市场与社会得到发展，政府、社会、市场的关系初步形成；在中央与地方关系上，地方中的县域自主性得到提升，县域行政的权力扩大，县域行政对县域自主支配能力增强。

以1994年的分税制改革至党的十八届三中全会召开为时间界限，1995~2012年，"管理"成为县域行政的主导理念。同时，随着分税制改革的推进，县域行政通过财政转移支付实现了对地方的有效控制，县域行政对中央的依赖加大。

从县域管理的角度来看，该阶段"管理"理念应用于政府、社会、市场各领域中。政府管理是以政府为主体的管理，与先前两阶段的"统治""管控"不同，管理更强调以法律、规则与制度为管理原则，强调多元主体的参与。随着市场资源配置地位的确立、市场经济的不断发展，政府的"管控"型治理已难以应对现实中多发的矛盾。"要摧毁盘根错节的传统权益，常常需要动员新的社会势力参与政治，因此一个正在进行现代化的制度还必须具有将现代化造就的社会势力吸收进该体制中来的能力。"[①] 改革开放与市场经济发展正是现代化进程中的重要变革，产生了大量的新兴社会势力。也由此，"管控"型的县域治理方式发生了向以"管理"型为主的方式的转变，县域行政对县域的治理更加尊重市场与社会，更遵守制度与规则，以期将新兴的各方势力吸纳进体制中来。党的十六大报告把政府的职能确定为十六字："经济调节、市场监管、社会管理和公共服务。"社会管理是主要针对社会领域的管理，强调对现实中政府、社会、市场格局中社会领域的治理。"2006年党的十六届六中全会通

① 塞缪尔·P.亨廷顿：《变化社会中的政治秩序》，王冠华、刘为等译，上海人民出版社，2008，第119页。

过了《关于构建社会主义和谐社会若干重大问题的决定》，'社会管理'一词出现了 15 次，频率非常高……其背景是改革过程中的利益分化、社会矛盾加深和群体性事件迸发。"①其背后的利益博弈展现了现实的治理需要。改革开放的不断推进，社会各项矛盾、利益分化加深，以县域行政为主体的单一治理已难以应对现实中频发的矛盾与问题，亟须多元主体进行专门化的治理。与政府、社会相对应的市场治理也是县域中不可忽视的领域，市场在现实中面临着多种治理困境，同样需要改变原有的治理理念，以新的方式来实现市场的有效治理。

从中央与地方关系来看，"分税制实行以来，中西部地区的地方政府可支配财力中中央补助所占的比重不断提高，中部地区有些县市这个比重超过 50%，而西部的有些贫困地区中央补助能够高达地方自身财政收入的 10 倍甚至 20 倍"②。分税制带来的中央与地方关系的变化造成县域财政困难，特别是对于中西部地区的"吃饭财政"而言，县域行政更是极大地依赖于中央。因此，县域行政的财政自主性大大降低，中央可以通过财政控制县域的大部分自主性权力；与此同时，县域行政与中央的紧密度也在不断增加，县域行政往往需要通过"跑步钱进"的方式才能获得更多的中央财政转移支付。

三　中国特色社会主义新时代的县域行政

该阶段县域行政主要体现为三个特征：治理理念的提倡、服务型政府的转型、简政放权。

从治理理念上来看，该阶段"治理"成为县域行政的主要执政理念，并且将治理现代化提升为国家治理的重要目标。2013 年 11 月颁布的《中共中央关于全面深化改革若干重大问题的决定》强调，"全面深化改革的总目标是完善和发展中国特色社会主义制度，推进国家

---

① 景跃进：《从"社会管理"到"社会治理"——学习十八届三中全会〈决定〉有感》，《华中科技大学学报》(社会科学版)2014 年第 3 期，第 14 页。
② 周飞舟：《分税制十年：制度及其影响》，《中国社会科学》2006 年第 6 期，第 107 页。

治理体系和治理能力现代化"。随后，在构建治理体系与治理能力现代化的大目标指引下，"治理"成为各级政府与各界的主要行为指导。治理是继"统治""管控""管理"后更加强调各治理主体平等与参与的现代化管理方式。在治理理念下，县域治理包含政府治理、社会治理、市场治理、个人治理等多元主体共治的内涵，并且治理以公共利益为导向，最终目的是实现利益的公共化与公民权利的有效保障。

从服务型政府的转型来看，政府由管控型与财税汲取型政府向服务型政府转变。虽然政府职能转变的建设自改革开放以来就已提出，但在新时代政府职能转变得到进一步推进，政府改变先前大包大揽式的"大政府"模式。服务型政府强调政府是公共服务的主要提供者，如社会保障、精准扶贫、就业医疗等，经济职能交由市场主导，其余的职能则由相应的职能主体来完成。政府职能的转变，要求政府、社会、市场关系更清晰，各主体分工更明确，各主体参与治理的渠道更健全。同时，政府的政治职能主要在于保证政权的合法性与社会的稳定，为各主体提供治理的稳定环境。

从县域简政放权来看，简政放权是政府当下及未来的趋势，在国家治理体系与治理能力现代化的总体规划下，县域简政放权的力度不断加大。"从 2013 年 5 月到 2016 年 11 月，中央政府先后进行了超过七次大规模的简政放权改革，使权力清单和权利清单相配套，向下级政府、社会和市场放权。"[1] 这些政府机构的精简改革与权力的放开，一方面有利于提高县域行政内部的运行效率、激发县域的主动性和积极性，另一方面能够促进社会、市场、公民等的政治参与。

总体来看，通过对新中国成立以来县域行政历史的梳理，可以总结出县域行政变迁的特点与发展历程特征，本书将各阶段的县域行政特征总结如表 1-1 所示。

---

[1] 柳新元、杨腾飞：《简政放权：当前政府职能转变的一个路径选择》，《黑龙江社会科学》2017 年第 1 期，第 26 页。

表 1-1　新中国成立以来各阶段县域行政特征

时间段	县域行政职能	县域行政管理方式	中央与县域关系
1949~1977 年	政治统治	行政命令	中央集权
1978~1994 年	经济	县域管控	中央分权
1995~2012 年	经济 + 公共服务	县域管理	分权 + 集权
2013 年至今	公共服务 + 经济	县域治理	简政放权

从表 1-1 可见，县域行政历史变迁特征主要表现为以下几个方面。一是在中央与地方关系上，县域行政经历了新中国成立初期由高度集中的中央集权到分权再到相对集权的过程。在分权上，主要表现为"对县分权的改革主要有两种形式：一种是经济管理权限上的行政分权（强县扩权），主要强调向县政府下放项目审批和投资方面的权力；另一种是财政体制上的财政分权（省直管县）"①。在集权上，主要体现在分税制改革过程中，中央对于县域财权的上收降低了县域自主支配财政的能力，县域行政对中央的依赖性增强。这种"集—分—集"的中央与地方权力变迁成为影响县域行政发展与职能转变的重要因素，是考察县域行政运行所必须考虑的重要影响因素之一。二是在县域行政的职能转变上，县域行政的政治统治职能不断减弱，经济职能与公共服务职能不断发展。政府以公共利益为导向，不断实现民众利益与社会公共利益。三是在县域行政的管理方式上，行政权力可以随时进入社会各个领域，实现对社会生活各方面的有力动员。随后，以 1978 年改革开放为转折点，县域行政管理方式经历了从统治到管控再到管理，以至现阶段以治理为主的管理方式转变。在此过程中，国家改变原有的全能地位，明晰了政府、社会、市场、个人等的公与私领域，促进了多元治理主体的出现。但仍可以看到，县域行政虽然经历了由较为传统的行政运作向现代

---

① 刘冲、乔坤元、周黎安：《行政分权与财政分权的不同效应：来自中国县域的经验证据》，《世界经济》2014 年第 10 期，第 130 页。

行政运作方式的转变，但县域行政在政府职能转变、党政关系规范化、政府横纵向关系上仍需不断优化，以实现治理现代化的目标。

第二节　县域行政运作方式

县域行政的现代化是县域行政运作的大历史背景，在以实现现代化为目标的历史背景下可以更好地总结县域行政运作方式和特点。因此，结合县域行政追求现代化的历史分析将县域行政内部的运作方式从以下方面进行总结。

一　运作模式：科层制

科层制（Bureaucracy）是对政府机构运作模式的总结。科层制不仅可以用于分析以政府为代表的行政系统，还可以用于分析整个公权力系统的运作。此处强调马克斯·韦伯（Max Weber）的科层制观点，其认为科层制是一种按照等级与规则严格运作的行政管理体制。按照科层制的要求，政权运行应有如下特点："专业化、权力等级、规章制度和非人格化这四个因素是科层制组织的基本特征。"①专业化是指各系统与各部门间分工明确；权力等级是指在公权力系统运转中权力等级的不可逾越；同时，系统运行有严格的规章制度，一切按规则来办事；人格化的因素在系统中被弱化。

在我国县域行政变迁的考察中我们也发现，县域行政运行的科层制特征不断凸显。新中国成立初期是科层制体制建设的时期，行政机构与制度规定在该时期基本确立。从县域权力系统的划分上看，我国县域的行政可以分为党委系统和政府行政系统；从层级上看，可以分为县一级、乡镇一级、村一级行政。县域行政在系统构成与层级划分上都具有明显的科层制特点。而且随着治理理念的更

---

① 彼得·布劳、马歇尔·梅耶：《现代社会中的科层制》，马戎、时宪民、邱泽奇译，学林出版社，2001，第30页。

新、县域治理格局的变化，以往党政不分、政社不分、政企不分、人格化管理的情况发生了改变，行政运行中的规章制度、非人格化、专业化也得到强化。在这种科层制发展的基础之上，政府动员模式、职能运作特点、资金分配方式等都深深受到科层制结构特征的影响。

二 政府动员：层级动员

科层制模式下，公权力系统对整个县域的动员以科层制的层级为载体，对各主体进行层级动员，分别包括县一级、乡镇一级、村一级三个层级的动员。三个层级之间存在领导与被领导的关系但又相互互动，同时层级内部又具体细分为各个小的内部性层级。按照我国的行政层级与权力机构设置，县一级行政包括"县四大办"：县委办、县政府办、县人大办、县政协办。"四大办"下又分别设有相应的职能科室与所辖的各大职能局、事业单位、派出机构等。乡镇一级行政是与县一级行政相对应的一级行政，在乡镇行政中，除了县政协外，县域行政中的机构在乡镇一级中都能找到对应的职能站所。乡镇行政属于县行政的派出机构，受县一级领导、履行县一级行政所指派的任务。村一级原本属于村民自治的机构，但由于近些年来行政权力的下沉，村一级在很大程度上受到了县一级、乡镇一级行政性力量的介入。由此可见，科层制的机构是县域行政运行的基本架构，整个县域在"四大办"的领导下，按照法律法规与制度规定中的职能开展治理。县域中的政府、社会、市场、个人等各主体正是在这样的体制与层级安排下以行政"层级动员"的形式开展工作。

三 职能运作：条块行政

条块行政是指公权力各部门间分工明确，整个县域形成了"条块"状的行政运行形式。"条"是指中央自上而下纵向的权力配置；"块"是指政府各职能机构间横向"各司其职"的部门运作。从宏观上来看，可以包括县一级行政系统、乡镇系统、行政村的各"块"；从微观上来看，主要指政府各职能部门间的"块"状行政，如定职能、定机构、定编制的"三定"方案将各职能部门的权力与职能限定在相应的制度框架内，各职能部门围绕部门职责，按照"三定"方案开展工作。因此，"对口设置、职责同构体现了中国政府组织的独特性，即每个上级部门几乎都有下级相应对口部门，并且上下级部门间的职责大致相同"[①]。在这样的框架结构下，从上级对下级"条"状行政来看，县域各职能部门与乡镇各站所服从本部门、本乡镇对口上级部门的领导，按上级部门考核指标开展工作。从部门间横向"块"状行政来看，部门间的竞争与绩效评比强化了部门与乡镇间的壁垒，也导致县域对各职能部门与乡镇的调控难度加大，各部门"八仙过海、各自为政"的情况突出。

四　资金分配："线型"分配

资金是整个县域运转的动力，科层制下资金以自上而下的"线型"渠道进行分配。一般情况下，部门资金主要由部门日常运转经费、职能支出两大块构成。上级也是按照部门运转所需经费以及职能情况进行资金的下拨。资金分配按照行政运行与机构设置的架构进行，从上至下一级一级地拨付。资金的预算与支出都有相对应的条款与条目，资金以科层结构为载体，以资金条目为渠道，逐条逐级的完成分配与运转。

五　资源供给：项目的兴起

近些年来，项目在县域的兴起成为县域中的新现象，项目越来越成为县域内各类公共服务提供的主要方式，如公共基础设施、民生工程、医疗教育、产业等的发展都以项目的形式进行。也由此，

[①]　史普原：《科层办体、项目为用：一个中央项目运作的组织探讨》，《社会》2015年第5期，第25~59页。

项目成为影响县域行政运行的新生事物。长期以来县域行政科层制的运作方式在项目的大力推行下发生了相应的改变，项目逐渐"嵌入"县域行政的运行之中，项目运作方式成为考察县域行政运行不可忽视的因素。从现实中的情况来看，各类项目支撑着整个县域的经济、社会发展，各类项目逐渐成为县域发展的重要力量。区别于传统的科层体制，中央以项目资金的形式将中央资金分配给地方，如今科层制下的"线型"资金分配发生了变化，有些项目资金跳出科层体制在政府各层级部门之间跨层级分配。科层体制的动员方式、制度特征等也都随着项目的出现而有所不同，项目成为政府资源供给的主要形式。在此情况下，与项目相关所形成的项目治理逐渐兴起，项目制与原本的科层制相互嵌入，共同影响着县域行政的运行。

第三节　县域行政与县域治理的互动关系

对新中国成立以来的县域行政历史变迁以及县域行政运作方式的考察，是为了实现更有效的县域治理。本章通过对新中国成立以来的县域行政历史变迁的回顾发现，县域行政与县域治理是相互促进、紧密联系的两个领域。在很大程度上，县域行政的运作与执政方式直接决定了县域治理的实现。反过来，县域治理的发展又进一步完善了县域行政。因此，对于县域行政与县域治理之间的关系可以从以下三个方面进行考察：一是县域行政是县域治理的重要主体；二是县域行政的法制化与制度化是县域治理实现的前提；三是县域治理的发展促进县域行政的完善。

一　县域行政是县域治理的重要主体

县域治理主体包括政府[①]、社会、市场、个人等，但作为县域行

[①] 此处是广义意义上的政府概念，是对一切公权力系统的统称，狭义意义上的政府行政系统属于广义政府概念中的一部分。

政主要代表的政府则是县域治理的最重要主体。从行政本身来看，县域行政作为公权力的代表，在治理资源以及治理强制力上都强于其他治理主体，"由于主权者的抽象性、虚置化，任何个体公民无从代表主权者，而统治者的实体性、实权化，并有庞大国家机器和国家资源的支撑，因此，在现实政治运作中，主权者与统治者，权利与权力的格局，实际上存在巨大的不平衡性和力量不对称性"①。具体来看，一是县域行政主导着县域资源的配置。由于县域行政掌握着大量的治理资源，如人力资源、自然资源、财力资源等，其他治理主体的治理极大地依赖于县域行政所掌握的资源。二是县域行政的开放度在很大程度上决定了其他治理主体的参与度。县域行政是公权力的掌握者，其他治理主体治理职能的实现很多方面需要借助于公权力的力量。

从我国县域行政发展的历史与现实来看，县域行政的治理主体地位在当下及未来一段时间仍将延续。从新中国成立以来的历史来看，改革开放前高度集中的计划经济体制与政府全能主义，都表明县域行政在县域治理中占据重要地位，其他治理主体治理职能则发挥不足。随着改革开放的推进，县域内各新兴社会势力出现、市场运转正规化、社会组织发育、个人意识觉醒，多元治理主体随着经济、社会的发展不断壮大。新兴的多元治理主体逐渐成为具有一定治理能力的多元治理力量，并且纷纷要求参与到县域行政的运作中来。同时，县域行政也实行了机构精简、信息公开、政府职能转变、政治参与渠道拓宽等有利于多元治理主体参与的举措，多元治理的格局在县域开始形成。但仍可以看到，一方面，县域行政外的治理主体在参与度上仍有限；另一方面，各大治理主体的发育度仍不够，力量较弱、对公权力系统的监督能力弱。以上种种均表明，在县域治理的格局中，县域行政是县域最重要的治理主体，也是对县域治

---

① 周少来：《当代中国民主发展与政治参与——现代化进程中的民主化生成视角》，《江苏师范大学学报》（哲学社会科学版）2017年第1期，第130页。

理影响最大、最关键的治理主体。

二　县域行政的法制化与制度化是县域治理实现的前提

县域行政是县域治理的重要主体，县域行政又是公权力系统的代表，而权力往往有扩张与滥用的倾向，因此县域行政的法制化与制度化是县域治理实现的关键前提。县域行政的法制化是指县域行政运行不以个人意志为准则，法律成为各项活动的最高原则，以公正无私的法律为县域行政运行的标准。同时，各项法律、法规的健全与完善需要与现实社会新生事物的产生、发展相跟进，以适应现实中不断出现的各类矛盾与问题。县域行政的制度化则是指行政是在科学、规范的刚性制度下推行的，其各项运行规则与活动都有相应的规章与制度相对应、都需要遵循相应的程序与流程。不仅如此，按照亨廷顿的观点，在现代化进程中，"任何政治体系的制度化程度都可根据它的那些组织和程序所具备的适应性、复杂性、自治性和内部协调性来衡量"[①]。制度化更是强调政治组织在应对复杂外部环境时的适应性，自身组织机构的健全程度、机构设置的复杂与精密化、组织的非外在影响性、组织自身内部的调试能力等都是这种适应性的表现。权力无法律与制度的规制容易导致个人的独断、腐败、权力向其他领域的无限扩张。因此，不论从县域行政变迁的历史总结中来看，还是从现实权力的运作方式特点中来看，县域的有效治理都需要县域行政法制化与制度化的有效实现。

县域行政的法制化与制度化具体包括以下方面。一是县域行政机构设置的制度化。县域行政是以行政机构为运作载体的，行政机构设置的完善程度直接决定了县域行政运作的能力。在县域行政机构设置完善的基础上，以制度化的方式将各机构以文字性的制度形式确立下来，防止机构的无限制膨胀与随意更改。在县域内，行政

[①] 塞缪尔·P. 亨廷顿:《变化社会中的政治秩序》，王冠华、刘为等译，上海人民出版社，2008，第10页。

机构的完善包括县一级、乡镇一级、村一级以及各机构内部的科室设置与分工细化。如县一级，除了宏观层面上的组织架构外，还需要在各权力部门内部设置分工明确的科室与相应的职能派出机构。同时，还需要对各上下级机构间的管理与考核等相关制度进行完善。二是县域行政运行方式的法制化与制度化。具体是指县域行政在人、财、物资源管理与调配方面的制度与法律健全，实行"依法治县"。县域治理主要是对县域所辖范围内的人、财、物资源进行管理与分配，县域行政运行也主要是人力资源、财力资源与物质资源的运作。因此，在县域资金分配、人员调动、资源供给方式上都需要有完善的制度与法律作为支撑。三是政府、社会、市场、公民关系界限的制度化。各治理主体有其相对应的治理职能与治理范围，制度化的治理体系应以法制化与制度化的方式将治理行为限制在各治理主体自身的职能规定范围之内，实现法制化与制度化的多元治理格局。总的来看，县域行政的法制化与制度化是公共权力及其运行受到法律与制度的规范，县、乡镇、村层级运行优化，党委系统、行政系统分工明确，同时也是有效实现制度化地调配不同利益群体利益的过程，这些都为县域治理的有效实现提供了重要前提。

三　县域治理的发展促进县域行政的完善

县域治理与县域行政在现实中是相互促进、相互推动与共同发展的。县域行政的法制化与制度化是县域治理实现的重要前提，同时，县域治理的发展又能进一步促进县域行政的完善。县域治理要求治理主体的多元、治理方式的民主协商、治理目标的公共利益化，最终实现县域的和谐、民主、有序发展，县域治理不仅是县域行政的有效治理，也是政府、社会、市场、公民多元治理主体的和谐共治。县域治理是基层治理的一个重要领域，是基层治理的一个重要部分。

基层治理的另一个重要组成部分为社会治理的现代化。因此，基层治理的发展是县域行政现代化与社会治理现代化的共同实现，二者相互促进。这种社会治理的现代化为县域行政的完善提供了重要的外在环境条件。

县域行政的完善是指法制化与制度化基础上的行政机构运行的现代化。随着基层治理的推进，治理理念、治理主体、治理方式促进了良好的治理生态与治理环境在基层社会的形成。这种治理生态更有利于社会、市场、公民主体的壮大与参与意识的觉醒，更呼吁良好治理的持续。县域行政为了适应县域内各治理主体发展、治理格局改变等的环境，通过完善组织机构、变革自身治理方式、转变治理理念，增加自身的调试能力以适应大环境的变化，如依据专业职能而成立的社会组织可以在其专业领域内提供高质量的专业化社会服务，不同领域的社会组织可以满足社会的多种服务需求。因此，在现实治理的需求下，社会组织应运而生，并不断发展壮大。县域行政开始进行服务职能的外包，将社会组织更能胜任的服务职能交由社会组织来完成。由此，县域行政的治理职能得到优化，治理成本降低，治理成效也得到提高。

第二章 "嵌入"县域行政运行中的项目制

自 1994 年实行中央与地方分税制改革以来，县域行政在以中央权责为内核的财税分配上发生了变化，一种新的影响县域行政运行的"项目制"出现。县域行政运行方式在现代化进程的历史变迁中逐渐由"项目制"嵌入主导，进而基层治理也随着县域行政运作方式的变化而产生了变化。项目制在县一级主要表现为"项目治县"，这种现象兴起的背后有着深层次的历史与现实原因；并且，"项目治县"又在县域的多个领域和层面有所表现。因此，本章结合第一章县域行政现代化进程的历史变迁中的特征，考察"嵌入"县域行政运行中的项目制，从普遍意义上来回答：项目制"嵌入"县域行政运行的动因、"嵌入"的表现、项目制与县域治理的关系。最后说明为何选取扶贫项目和乡村振兴项目作为案例来分析项目制下县域行政的运行。

第一节 项目制"嵌入"的动因

一 财权上收

分税制的实行是项目制产生的最直接原因。在县域行政现代化进程历史的变迁回顾中，1994 年的中央与地方财政分权体制将地方财政进行了上收，使得县域财政"吃紧"。地方在财力上严重依赖中央的转移支付，中央通过控制地方财政的形式成功地加强了对地方的控制与管理。表 2-1 展现了分税制改革以来中央对地方的财政转移支付情况。

表 2-1 分税制改革以来中央对地方的财政转移支付情况

单位：亿元

项目	1994年	1995年	1996年	1997年	1998年	1999年	2000年	2001年	2002年
税收返还	1799	1868	1949	2012			2268	2335	3014
体制补助	114	115	111	112			125	120	323
专项补助	361	375	489	516			1440	1365	
转移支付补助		21	35	50			832	2195	
其中：过渡期转移支付		21	35	50	60	75	86	138	
结算补助	56	103	43	49					
其他补助	56	50	44	56					
合计	2386	2532	2671	2795	3322	4087	4665	6015	7362
中央财政总支出	4144	4529	4874	5389	6447	8239	10185	11769	14118
补助所占比重（%）	57.58	55.91	54.80	51.86	51.53	49.61	45.80	51.11	52.15

注：中央财政总支出＝中央本级支出＋补助地方支出，支出不包括国内外债务还本付息支出和用国外借款安排的基本建设支出。

资料来源：《中国财政年鉴》（1995～2002 年）；《关于 2002 年中央和地方预算执行情况及2003 年中央和地方预算草案的报告》；全国人民代表大会常务委员会预算工作委员会调研室编《中外专家论财政转移支付》，中国财政经济出版社，2003，第 19 页。

从表 2-1 中可见实行分税制财政体制以来中央对地方的财政转移支付力度逐年加大，地方对于中央财政转移支付的依赖也越来越重。财政上收后，中央需要通过相应的财税分配体制将资金返还给地方，以满足地方发展的财力需求。因此，与分税制相配套的是税收返还与转移支付制度，项目制的产生主要与财政转移支付制度相关。转移支付主要分为两种：一般性转移支付和专项转移支付。一般性转移支付是与地方财政缺口相对应的一种补助型支付方式，根据地方的人口、资源、历史等实际情况来确定转移支付的资金数额。这类转移支付不需要地方进行申报与竞争，是由中央财政一次性划拨，纳入地方预算。而专项转移支付则需要地方以专项化的"项目"形式进行竞争性的申报。专项转移支付的原则是地方上报、中央审批，并且中央设置了标准化、规范化的项目申报、审批制度。项目化的转移支付可以将资金捆绑于项目之上，形成块状的"项目资金"下拨给地方，从而完成中央的资金转移支付。自分税制实施以来，中央对于各行业、各领域的资金都是通过项目的形式进行下拨的，正是这种通过专项转移支付进行财政返还的方式导致项目在中央与地方层面的推行。也因此，围绕项目而产生的项目运作、项目治理等成为各级政府关注的重点。

二 事权下沉

事权下沉为项目制的兴起提供了制度可能。在中央与地方关系上，县域行政的变迁主要经历了从高度集中的中央集权到分权，再到相对集权的过程。但整体来看，中央向地方下放权力既是新中国成立以来基本的趋势，也是现实治理的需要，这种权力的下放是项目制产生的重要原因。分税制改革上收了财权，在一定程度上限制了地方权力，但权力并未完全上收，整体来看（1949年至今），中央在不断地进行权力的下放。中央将财政上收后，出现了"中央与地方事权与财权划分的不一致，导致地方政府严重缺失承担事权的财政能力，这就直接催生了实践中地方政府职能的偏差"[1]，GDP至上、盲目竞争、环境恶化等问题突出。地方现实发展中需要处理的事务难以有充足的财力进行支撑，地方为了完成治理事务一方面通

---

① 刘华：《国家治理现代化视域下的中央与地方关系》，《江苏社会科学》2017年第2期，第124页。

过发展地方经济扩充财力,另一方面通过向中央争取事权的方式提高地方治理的自主性。在地方发展需求不断扩大、不断向中央要权的现实矛盾推进下,中央也不断地推进简政放权以适应地方治理的需求。

从当前现实来看,中央权力下放的主要方式是项目审批权的下放。"部分社会保障、跨区域重大项目建设维护等作为中央和地方共同事权,逐步理顺事权关系;区域性公共服务作为地方事权"①,这样一来中央与地方之间的事权有了较为明确的归属。正是这种项目审批权的下放,为地方发展县域项目提供了制度上的可能。在现实中由于权力下放不足而带来的项目延期、项目推进难、县域发展滞后的现象比比皆是。如某县一个县级项目需要盖章的数量有100多项,耗费6~7年时间,而与该县相邻省份的其他县则仅仅因为省一级权力下放较多,相邻省份县域项目的发展速度就远远超过该县。地方事权的扩大还体现在县域项目自主性的增加上。项目由来已久,在新中国成立初期的计划经济时代就存在项目,新中国成立初期苏联支援我国所建设的大部分工程都是以项目的形式来展开的。只是当时项目量较少,并且地方无项目自主权,项目都是由中央从上至下层层实施,零散的存在于各领域之中,难以形成制度化的运作方式。随着市场经济的发展,政府并非唯一的项目实施主体,各类项目主体大量出现,如企业、社会组织、个人等都可以成为项目的实施方。政府承担的职能在于为各类主体创造良好的项目实施环境,并完善项目实施所必需的各类行政审批程序,如环境卫生测评、耗能测评、用地指标批复等。这些行政审批权都是在县域行政拥有较大的项目事权时才能实现,也因此,只有中央权力的下放才能为县域项目的发展提供更多的可能。项目制是以大量项目发展与县域行政将项目作为主要行为方式的一种机制,县域行政在项目的驱动下会更主动

---

① 《中共中央关于全面深化改革若干重大问题的决定》,《人民日报》2013年11月16日,第1版。

积极地向中央争取项目事权，以为县域项目的发展提供更多机会。

三　政府绩效

项目是政府绩效的重要体现，对于政府绩效的追逐成为项目制发展的重要动因。政府是项目制推行的重要主体，项目制是政府治理的一种重要方式。大部分情况下，政府治理目标的达成是以政府绩效为衡量标准的。由于现实中项目制可以给政府带来良好的绩效，因此，政府为了绩效会大力发展项目。

从政府内部来看，项目是权力本身的体现。权力的实现需要一定的载体和方式，通过项目可以把权力具体化、可视化。一方面，项目可以体现县域各级政府的绩效。上级政府在对下级政府的目标管理中，项目评比的分数占比较高。在考核的指挥棒下，各级政府通过多争取与多实施项目来展现各自政府的管理成果。另一方面，项目可以体现领导干部政绩。当前在我国的政府系统中，领导干部的意志与理念仍对组织的发展影响巨大。项目是领导干部展现政绩的重要方式，也是向上晋升的重要参照标准。如若县域某一项目实施成效较好、项目完成进度较快，该项目的负责人则容易得到晋升，并且现实中很多地方也以项目成果为领导干部晋升的重要考察项。从整个县来看，如若整个县的项目实施较好，则县的主要党政领导得到晋升至省或市的机会较大。除了增加政府内部的项目外，政府还会通过鼓励县域各主体加大项目的申报与实施量来提升县域的项目整体数量。因为项目整体数量的增加也是县域政府绩效的重要体现，如招商引资项目就被列为政府每年的项目任务指标，而大多数招商引资项目的实施主体则为企业。

从县域横向关系来看，县与县的绩效竞争本质上是对项目的争夺。中央的项目资源是有限的，而政府绩效的体现在很大程度上依赖于项目，领导干部的晋升又受项目影响，项目成为各级政府的"抢手货"。在现实中，从在建项目的数量就能明显地对比出各县县域发展的优劣。在各县竞争性发展的推动下，县域的项目争取、项目实施都比较激烈。因此，不论是从政府内部还是从县与县的关系来看，政府绩效都促使了项目在县域的发展，政府绩效成为项目制推进的重要动力。

四 县域发展

项目制的兴起与发展是县域发展的现实需要。项目制的兴起不仅来自以上罗列的县域自治自主权扩大、政府绩效等外在因素，还来自县域自身内部的发展需求。县域的发展主要靠项目、离不开项目，项目长期以来成为县域发展的重要倚靠。

从宏观大背景来看，县域的经济发展需要项目。相较于计划经济时代，市场经济时代是项目制兴起的经济背景。市场经济发展的规则本身激发了项目的实施。同时，国家治理重心、方针政策决定了经济建设的中心地位，投资是拉动经济增长的"三驾马车"之一，而投资主要是以项目为载体来进行的。在县域大力发展经济的大背景下，项目成为拉动投资、推进县域经济发展的主要动力，并且从未来较长的一段时间来看，以项目发展经济仍将成为县域发展的主要方式。

从县域现实需要来看，县域的社会发展需要项目。基础设施、公共服务发展不足，产业化、城镇化发展程度不够，环境、安全等领域突出问题都亟须通过项目来进行治理。改革开放前，计划经济与"文革"的遗留问题致使县域内多项建设难以跟进。改革开放后，社会领域的发育、社会矛盾的增多，都呼吁加快县域发展以实现县域的有效治理。近些年来，在人口的大面积流动下更是提高了对县域发展与管理的要求。我国有70%以上的人口生活在县域社会，人口发展需要的吃、穿、住、用、行，以及基本医疗、教育、社保等的公共服务都需要建立在县域发展的基础之上。因此，项目制在县域的兴起，与县域的经济、社会等发展的内在需求紧密相关。项目弥补了新中国成立以来，特别是改革开放以来县域社会发展的各种不足；同时，项目的实施又为县域未来发展提供了各种可能。通过对县域历史、现实、未来发展的时间纵向考察可以发现，项目是与县域发展紧密相关的事物，项目在很大程度上影响了县域的发展。

第二节 项目制"嵌入"的表现："项目治县"

一 项目与县域规划

（一）县域长期规划

项目在县域长期规划中主要表现在县域项目库的建立上。县域的长期规划是在国家五年为一周期的国民经济发展规划的总指导下，县域依据县实际而制订的县域国民经济发展的五年计划。县域国民经济的长期规划是县域发展的总指导，整个县域的各项事务都以长期规划为蓝本进行，地方要上项目、上级审批项目，必须在规划中率先谋划和体现。因此，长期规划需要靠项目来体现和支撑，同时规划的具体落地和执行也需要通过项目来完成，项目是规划实现的重要途径和方式。当前，我国的《中华人民共和国国民经济和社会发展第十四个五年规划和 2035 年远景目标纲要》、县一级的《县国民经济和社会发展第十四个五年规划和二〇三五年远景目标纲要》都对县域的长期发展有着重要的影响，都可以纳入县域长期规划的范畴。在这种县域长期规划的指导下，项目总规划形成，项目库设立，项目也纳入了县域的财政规划中。

（二）县域年度计划

县域的长期规划需要在各年中具体实施，项目的长期规划要先转化为县域的年度计划，项目在年度计划中的占比成为"项目治县"的又一个重要体现。具体来看，第一，县每年出台的各类一号文件，都重点强调项目的建设和发展。以工业一号文件为例，工业项目的建设一般是每年工业一号文件的主要内容。第二，从每年县域各级党政的目标管理和绩效考核方式来看，项目在其中的占比较大。第三，县里每年都会出台关于项目工作的专门文件，还专门出台招商引资、园区建设等方面的文件，把项目摆在突出位置。由此可见，项目在县域各级政府的年度计划和年终总结中都处于重要地位，表明了政府以项目为工作重点的现状。

二 项目与县级行政运行

（一）县一级的争资跑项

项目是中央转移支付的重要方式，县域需要通过竞争性的项目申报才能够尽可能多地获得项目。这种中央"发包"项目的形式，激发了县一级的"争资跑项"。在向上的项目争取上，县域的项目争取主要表现为以下两个方面。一是以整个县为单位的向上项目争取；二是以县各职能局为单位向上级对应部门的项目争取。以整个县为单位的向上项目争取往往为大型的、关乎整个县域发展的重大项目，该类项目列入县域重点项目的建设范畴，大部分情况下由各大职能局联合进行上报；而县域重点项目外的其他项目则以各职能局为单位自行进行上报，县发改局负责登记备案。在县域，围绕向上的项目申报而展开的行动是各类行动中非常重要的一项，也是县域内部各职能局的主要年度任务。项目的申报面临着多方面的困难，一个项目的申报需要进行环境、能源、土地等多方面评审，也因此项目申报需要县一级向上级部门中的生态环境局、能源局、自然资源局等各局的跑动，并且还要经历县域以上的市（州）一级、省一级，最后到国家部门一级的各环节。该过程需要县一级动员大量的人力、物力与财力，同时也会耗费大量的时间和精力。在与其他市县的竞争上，各县必须提高工作效率、提升项目申报质量、及时获取中央对口的项目信息，以最快的速度完成项目的申报。否则县域在中央有限的项目资源中则可能由于项目申报的迟缓而丧失宝贵的机会。

因此，县域会利用多种渠道来多方面获取中央项目信息，也会花费大量的精力来收集项目申报的可能性机会。从以上可以看出，县域在项目的重视程度上以及在围绕项目申报而开展的工作上都表明项目成为县级行政的重要工作方式。

（二）项目与县级行政运作

在县域中，县级行政是项目的主要运作主体，项目与县级行政的关系主要表现在项目化运作上。从现有大量有关项目制研究以及相关的实践调研中发现，县级行政基本上掌握了项目有关的申报权、管理权、分配权、财政权等重要权力。由于项目申报主要是由县级行政中各职能局负责的，进而也决定了审批下来的项目主要归属于各职能局，而乡镇一级、村一级则基本无项目权。在项目归属权确定后，项目后期的实施、验收、运营等工作也基本由各职能局负责。另外，从项目类型来看，由县一级掌握的项目种类也是最全面的。按行业领域划分有园区开发建设、特色产业开发、城市开发建设、公共服务设施建设、文化旅游建设、精准扶贫、乡村振兴等项目种类；按投资来源划分，又可以分为财政投资项目、社会投资项目、招商引资项目、政府融资项目。项目的种类基本上囊括了县域发展的各方面，与各项目种类相对应的各职能局又是项目的主要管理与负责方，并且不同投资来源的项目也导致了县级行政运作方式的不同。因此，项目在县级行政的运作主要体现在不同种类项目的不同运作方式对县域行政的影响上。

三　项目与乡镇行政运行

（一）项目与乡镇发展

乡镇是县域中的重要行政单位，县域是由多个乡镇组成的。乡镇的发展离不开项目的支撑，乡镇对于项目很重视，其需求也较大。乡镇行政是介于县级行政与行政村之间的"中间行政"，向上对接县级部门，向下则直面民众。改革开放后，城镇化成为影响我国人口流动的主要因素，而乡镇则承担着大量的人口城镇化任务。人口城镇化所带来的各类项目需求不断推动着项目在乡镇的发展。在现实的项目需求下，项目主导乡镇发展的情况也越发明显。比如，在"特色小城镇建设"政策下，地方围绕特色城镇发展申报与实施的各类项目对乡镇的发展起到了重要的推动作用。

（二）乡镇一级的争资跑项

乡镇一级行政处于我国行政层级中的最末端，该级行政大部分的执行权力被上收，权责不对等的状态在乡镇行政中较为突出。乡镇行政在大部分情况下只是执行上级的政策任务，而无实际的项目审批权与资金管理权。特别是税费改革后，乡镇基本无财政来源，"乡镇政权的空壳化和县级政府权力的强化，造成了基层政权从'汲取型'向'悬浮型'变化的后果"[①]。乡镇行政在资金上无财力发展项目、在项目审批权上不能对项目进行审批、在项目分配中对进村的项目分配权也较弱。因此，乡镇只能向县一级争资跑项。在一些财税极度匮乏的农业型乡镇，向县一级争取项目的现象尤为突出。在此情况下，县一级可以通过项目更好地激发与动员乡镇行政，也更能以项目为动力加强对乡镇一级的管理，即通过"项目"，县一级实现了对乡镇一级的良好治理。

四　项目与村级"行政"运行

（一）"项目下乡"

项目是实现农村公共产品供给的主要方式，在国家一系列惠农补贴的政策实施下，大量的资金与资源都不断地向农村倾斜。而此资金与资源大部分是通过"项目"的形式落地到农村的，即开启了大规模的"项目下乡"时代。近些年来的精准扶贫项目和乡村振兴项目即项目下乡的典型。精准扶贫和乡村振兴将与民生相关的医疗、教育、

---

① 周飞舟：《财政资金的专项化及其问题：兼论"项目治国"》，《社会》2012 年第 1 期，第 1~37 页。

基础设施、住房、产业开发等资源，均打包成了"项目"进入乡村。项目成为国家资源输入乡村的主要方式，项目在乡村社会中的大量实施，使得项目成为支撑乡村发展的重要力量。项目下乡所形成的"项目进村"现象又成为"项目治县"的又一个重要表现。

（二）"项目治村"：村一级的争资跑项

在国家项目下乡政策的推动下，由中央层层下拨的项目资金在到达县域后还需要经历县向各村分配的过程，再加上大部分村都是资金、资源相对匮乏的村，需要通过向上争取项目的形式实现村级发展。因此，项目在下乡过程中村一级的争资跑项在县一级也表现得比较突出。与县一级向上争资跑项相比，村一级的争资跑项主要表现为向县一级涉农部门争取项目。在该过程中，村一级多数情况下直接越过乡镇争取项目。涉农部门一般包括县乡村振兴局、县财政局、县农业农村局、县住建局等。村"两委"是争资跑项的主体，项目的获得大部分需要"两委"向县级部门汇报本村优势和项目在本村的可行性等，有助于加强村一级与县一级的联系。但仍可以看到，项目在争取到村后，其实施主要由村一级来承担，但项目的资金拨付、项目督查、项目验收等仍由掌握该类权力的县级部门来进行。

总的来看，"项目治县"主要表现在：一是项目成为县级规划、县年度计划的重要内容，项目从县域未来发展上成为县域的重要推动力量；二是项目在县、乡镇、村各级中的数量与需求都非常大；三是项目如一条线，将县、乡镇与村各级县域行政紧密地串联起来，整个县域紧紧围绕项目进行发展与治理。由此，"项目制"从以上总结的三个方面"嵌入"县域行政的运行之中。

第三节 项目制与县域治理的关系

项目制这一新生事物的出现，在改变县域行政运行的同时也给县域治理带来了影响，对县域治理方式、治理主体、治理成效都提出了新要求。

一 项目制与县域治理方式

项目制在县域行政中的"嵌入"改变了原有的县域治理方式，随着项目成为县域行政运作的重要模式，对项目的治理也成为县域治理的重要手段。县域行政是县域治理的重要主体，县域行政的项目化运作影响了原有科层制下的治理方式，转而形成了项目化的"块状"治理。"块状"是指以项目为治理单元的治理，它的出现直接影响了原有的治理方式。从以往县域治理的方式来看，各治理主体围绕自身治理原则与治理目标形成治理模式是传统治理的主要特征。传统治理中政府是治理主体，政府科层化与行政命令型的治理方式成为传统县域治理的主要模式。在项目制下，县域治理方式围绕项目进行，主要体现在项目成为县域资源分配主体，基层治理主要围绕项目运作各流程展开。项目运作的各流程包括项目酝酿、申报、实施、验收、运营等各环节，也与县域治理的方式息息相关。

二 项目制与县域治理绩效

项目制下县域治理绩效主要体现为项目绩效，县域行政运行的合法性、合理性与正当性主要通过项目来体现，项目成为各治理主体体现治理能力与治理成效的重要内容。从政府来看，通过项目治理可以取得必要和充分的治理成果，协调与缓和矛盾，提高治理稳定性，如对贫困学生的资助，对上访问题通过项目支持进行回应，对人大代表建议、政协提案等都可以通过项目安排来进行具体办理。从企业来看，通过项目治理，获取经济等方面的收益。从社会组织来看，项目是体现社会组织服务水平以及服务成效的重要载体。如社会组织筹集社会资金建设的文娱设施、桥梁、道路等基础设施都是社会组织提供公共服务的重要体现。同时，一些为服务对象提供医疗、教育等服务的项目也是社会组织服务性功能的体现。

三 项目制与县域治理水平

项目是县域治理水平的重要体现，在项目制下县域治理水平的高低很大程度上通过项目来体现。由于项目制下县域治理方式与县域治理绩效都受项目的影响，项目治理成为县域治理的重要内容，也由此县域治理水平的高低可以通过项目数量、项目质量、项目效果来体现。县域对项目的把握能力和协调调度、项目申报数量、项目实施进度等都成为县域治理水平的重要体现。因此，与项目有关的项目日常管理制度、项目考核、项目验收等都成为县域治理的重要影响因素，也是体现县域治理水平的重要指标。

第四节 项目制"嵌入"的典型领域

一 扶贫项目制

在脱贫攻坚时期，"嵌入"县域行政运行的项目制中以扶贫领域的项目最为典型。一方面，贫困县是能充分体现项目制"嵌入"的县域行政机构。贫困县的财政主要是"吃饭财政"，县域发展主要依靠中央的转移支付。项目制是建立在中央资金一般性转移支付与专项转移支付之上的，贫困地区县域项目制正是中央资金转移支付的典型。近些年来，中央进一步加大了对贫困县的转移支付力度。2017 年国家预算安排补助地方的中央财政专项扶贫资金达到 860.95 亿元，贫困地区的转移支付力度更大。因此，扶贫项目制主要是在贫困落后的欠发达县域中运行的一种体制，也是最能体现项目制下县域行政运行情况的一种项目制类型。更有学者将项目扶贫总结为："是当前欠发达地区地方政府的一种思维和行为模式，是地方政府治理构建决策和行动的战略和策略。"①

---

① 唐佩：《项目扶贫：欠发达地区地方政府的一种治理模式——基于贵州省艾纳香项目的研究》，硕士学位论文，贵州财经大学，2014，第 1 页。

另一方面，通过对贫困县的实践调研也发现，贫困县的项目几乎都属于扶贫项目的范畴，扶贫项目推动着贫困县的县域发展。从现实的情况来看，贫困县的扶贫项目可以从广义与狭义上进行区分。从广义上来看，贫困县的所有项目都能够称为扶贫项目，贫困县的项目申报均是与"扶贫""脱贫"相挂钩的，中央也是以支援贫困地区发展的名义来向贫困县审批项目、拨付项目资金。因此，县域发展有关的基础设施项目、民生发展项目、招商引资项目等都属于扶贫项目的范畴。从狭义上来看，扶贫项目是指自 20 世纪 80 年代扶贫政策实施以来贫困县所进行的扶贫开发领域的项目。2013 年精准扶贫提出以来，精准扶贫项目在项目数量、项目精准度、项目资金量上都成为项目下乡的典型。该类扶贫项目属于以精确瞄准贫困人口为前提、以贫困村为主要项目实施地的项目类型。可见，对扶贫项目的研究可以囊括贫困县的县、乡镇、村这三级，也可以深入县域行政各部门中，全面、深刻地展现项目制下的县域行政运行。

（一）扶贫项目种类

1.县级重点项目

县级重点项目：项目金额较大、实施量多、耗时长。项目的主要资金需要县域向上申报。该类项目数量在县域占比不大，但分量重，受到县域主要党政领导的重视，全县倾注主要人力、物力与财力集中建设。由此可见，该类项目对整个县域的发展影响较大。县级重点项目涉及部门多，需要县级统筹协调才能够完成。县级重点项目是项目制下需要着重分析的项目种类，影响着整个县域行政的运行。

2.精准扶贫项目

精准扶贫项目是按全国扶贫政策规定"六个精准""五个一批"，"智""志"双扶，摘帽"四不摘"等开展与实施的项目，各地区还结合自身特色提出各类细化措施。"五个一批"是指发展生产脱贫一批、易地扶贫搬迁脱贫一批、生态补偿脱贫一批、发展教育脱贫一批、社会保障兜底一批。精准扶贫"十大工程"包括干部驻村帮扶、职业教育培训、扶贫小额信贷、易地扶贫搬迁、电商扶贫、旅游扶贫、光伏扶贫、构树扶贫、致富带头人创业培训、龙头企业带动。该类扶贫项目几乎包含政府公共服务提供的大部分内容,项目扶贫渗透至县域行政的多数领域。精准扶贫类项目是直接落实至村一级的项目类型,也是最能将县、乡镇、村联系起来进行分析的项目类型。

(二)项目制扶贫体系框架

1. 资金体系

资金是扶贫项目的命脉,任何项目离开资金都不能正常运转。资金体系包括资金的来源、资金的拨付、资金的监管等。县域扶贫项目资金体系是以财政局资金为主、其他各职能局专项项目资金为辅的格局。同时,市场、社会各主体的资金也成为近年来支持项目发展的重要资金来源。

2. 管理体系

这里的管理是指与项目有关的管理,项目管理主要是对项目运作各流程的管理。项目运作的流程包括策划、论证、申报、审批、评审、招标、实施、协调、监管、验收、评估、审计等多个环节。项目管理体系是一个庞大而复杂、联系紧密、环环相扣的综合体。项目管理有关的制度规定、管理格局、管理方式等是管理体系的主要内容。

3. 动员体系

项目动员是以项目为主要动力而形成的县域动员体系,包括人、财、物等不同领域的动员,也包括县、乡镇、村的层级动员。项目像一个巨大的饼,其带来的收益成为县域各主体争取的对象,也是调动县域各主体行为的重要力量。

4. 监督体系

项目的运行需要来自多方面的监督,包括政府内部的监督、市场的监督、社会的监督。政府内部的监督包括行政系统的监督、党的监督。市场的监督主要指市场运作各主体间的监督以及市场对政府的监督。社会的监督是社会组织、个人等对政府系统的监督。市场与社会可以称为政府的"第三方"监督机构。

二　乡村振兴项目制

乡村振兴项目是对扶贫项目的接续。自全面取消农业税以来，乡村治理走向"供给式整合"的道路，"项目"成为国家扶持乡村发展的重要资源配置方式。[①]从当前许多地方的乡村振兴实践来看，乡村五大振兴背后仍然体现的是项目化的国家资源配置逻辑。如广东省东莞市提出全域项目化推进乡村振兴，强调"乡村振兴工作不能悬在半空，必须以项目化思维和举措推进"的工作模式，并建立了《莞版乡村振兴重点项目库》，140 个项目覆盖东莞市全域，总投资达 357 亿元。[②]山东省日照市形成了以重点项目为抓手的乡村振兴工作模式，具体包括产业振兴"五大示范工程"、生态振兴"双十双五"提升工程、人才振兴"五大头雁工程"、文化振兴"五大惠民工程"、组织振兴"五大强基工程"，每项工程都有明确的数据指标，都有具体的项目支撑。[③]可见，"项目制"仍然是乡村振兴资源下沉、促进乡村发展的重要制度载体，并且长期以来以科层制为主的基层治理在项目的大力推行下发生了相应的改变，项目逐渐"嵌入"基层治理过程，成为考察基层治理不可忽视的重要变量。

乡村振兴项目与以往扶贫项目有一定的相似性和延续性，它们都是资源自上而下注入乡村的重要方式，但乡村振兴项目有一定的特殊性。扶贫项目向贫困人口等特殊人群倾斜，通过差别化和特殊

---

① 刘祖云、何云婷、刘晶：《竞争性扶贫项目基层运作的行动者网络及其制度化研究》，《理论与改革》2020 年第 2 期，第 54~68 页。

② 《投资 357 亿！东莞全域项目化推进乡村振兴》，http://dgsx.dg.gov.cn/wxtzsx/tzdt/content/post_392143.html，最后访问日期：2021 年 10 月 14 日。

③ 《〈日照市乡村振兴战略规划〉划定"路线图"》，http://gov.sdnews.com.cn/gdzwdt/201807/t20180711_2417965.html，最后访问日期：2021 年 10 月 14 日。

化的政策供给缩小贫困人口与非贫困人口的差距，体现了它是一种
实现社会公平和贫困人口发展的政策工具，该类项目强调项目的精
准性和项目实施的急迫性。乡村振兴项目与其不同的是，它并不侧
重于向特殊群体倾斜，而是强调在特定空间区域内实现所有人的均
等化和同质化发展，是在全面建成小康社会、社会主要矛盾转变后
实现更高社会发展目标的政策安排，乡村振兴更强调村庄的全面振
兴以及实现农业农村现代化的长远目标，更加注重项目的均等性、
持续性与长远性，也更加突出发挥农民在乡村振兴项目中的主体性。
具体来看乡村振兴项目与扶贫项目的关系可以从以下几个方面阐述。

（一）扶贫项目为乡村振兴项目提供衔接基础

1. 扶贫项目资产为乡村振兴项目实施奠定物质基础

从实践来看，2020 年我国脱贫攻坚战取得了全面胜利，其背后
体现的是乡村在基础设施、教育、医疗、社会兜底等各类民生项目
上的精准到位建设与有效落实，这也表明乡村基本的公共服务体系
已经建立。在扶贫项目中，按建设类型可划分为基础设施项目、产
业发展项目、教育医疗项目、社会保障项目等；按资金来源可划分
为政府投资项目、社会投资项目、政府融资项目等；按项目级别和
重要性程度可划分为县级重点项目与一般项目。各类扶贫项目共同
组成了县域多元的扶贫项目库，也为乡村振兴的推进提供了可参考、
可把握的物质基础。而且现实中大量的扶贫项目迫切需要与乡村振
兴项目在规划、实施、考核、运营等各流程有效接续起来，因此，
需要在实现乡村振兴项目规划中考虑与脱贫攻坚衔接、项目实施中
充分利用脱贫攻坚经验、考核中吸纳脱贫攻坚标准、运营中消化脱
贫攻坚成果。

2. 扶贫项目平台为乡村振兴项目提供环境基础

项目平台为脱贫攻坚与乡村振兴资源的下乡提供了渠道，不仅
如此，现实中项目已经成为关系乡村发展、村民资源获得、乡村治
理现代化等的重要治理技术手段，并深刻地影响着治理环境、利益

格局、社会关系等。而扶贫项目所搭建的平台为乡村振兴项目的有效实施提供了有利的运行环境，使乡村振兴项目实施能够有效地动员起村民，保障村民主体地位的实现；打破村庄既有利益格局，实现资源有效公平分配；优化治理环境，实现共建共治共享的社会治理。总而言之，扶贫项目取得的成果已经从硬资产和软环境上为乡村振兴项目的实施奠定了厚实的基础。

（二）乡村振兴项目是扶贫项目的优化升级

1. 乡村振兴项目在政策上是扶贫项目的延续与提升

乡村振兴项目在政策层面为脱贫攻坚与乡村振兴有效衔接提供了指导。"我国三农工作的开展遵循着完成三个重大任务的历史逻辑，一是解决全国的温饱问题，二是解决农村绝对贫困问题，三是解决城乡差距的相对贫困问题。"①我国的农村建设也经历了美丽乡村建设、新农村建设以及当前的乡村振兴，这些大的政策背景体现的是在不同时期、不同乡村建设基础上更高水平的乡村建设要求。当前，《中共中央国务院关于实施乡村振兴战略的意见》《乡村振兴战略规划（2018—2022 年）》《中共中央　国务院关于实现巩固拓展脱贫攻坚成果同乡村振兴有效衔接的意见》，以及 2019 年、2020 年、2021 年连续三年的中央一号文件，都对脱贫攻坚与乡村振兴有效衔接进行了政策上的规定。特别是《中共中央　国务院关于实现巩固拓展脱贫攻坚成果同乡村振兴有效衔接的意见》再次强调 5 年过渡期内脱贫地区在领导体制、工作体系、发展规划、政策举措、考核机制等方面的有效衔接。

2. 乡村振兴项目在品质上是扶贫项目的提档升级

脱贫攻坚已经实现了乡村基础的公共服务需求，乡村振兴项目正是充分结合前期扶贫项目情况与村民现实需求对已有项目进行提档升级。如产业扶贫项目，习近平总书记在 2020 年 12 月召开的中

---

① 张青、郭雅媛：《脱贫攻坚与乡村振兴的内在逻辑与有机衔接》，《理论视野》2020 年第 10 期，第 55~60 页。

央农村工作会议上强调，对脱贫地区产业帮扶还要继续，补上技术、设施、营销等短板，促进产业提档升级。再如与脱贫攻坚项目类似，乡村振兴项目也包含"由各级政府出资支持的项目、由社会资本支持的项目、由政府和社会资本共同出资支持的项目"①，如何提高各项目主体出资的积极性与主动性，提高资金的使用效率，增强乡村振兴项目的普惠性是下一步乡村振兴项目需要思考的问题。

（三）扶贫项目与乡村振兴项目的目标耦合

1. 扶贫项目与乡村振兴项目分目标的一致性与对称性

扶贫项目涵盖了产业、人才、基础设施、医疗、教育等，如脱贫攻坚提出的"五个一批"——发展生产脱贫一批、易地扶贫搬迁脱贫一批、生态补偿脱贫一批、发展教育脱贫一批、社会保障兜底一批，基本上满足了乡村社会发展的各类公共服务需求，能够保证乡村的全面发展。党的十九大提出的乡村振兴五大目标要求"产业兴旺、生态宜居、乡风文明、治理有效、生活富裕"和《乡村振兴战略规划（2018—2022年）》提出的乡村产业、生态、文化、人才和组织五个方面的振兴有着前后衔接的目标一致性。脱贫攻坚各领域目标与乡村振兴提出的各大振兴基本属于同一性质、同一范畴的公共服务举措，如脱贫攻坚中的发展生产与乡村振兴中的产业兴旺、生态宜居等的目标都是一致的，都是实现产业的兴旺和生态的宜居。

2. 扶贫项目与乡村振兴项目最终目标都是实现乡村现代化

近代以来，中国一直在推进现代化，其中乡村现代化是整个国家现代化中的重要内容，也是推进国家治理体系和治理能力现代化的重要基础。脱贫攻坚中的各项目分目标，最终是要实现稳定的脱贫。但脱贫不是终点，而是新生活的起点，在现代化总目标的指引下，乡村振兴更能实现与脱贫攻坚规划上的相通，在各分目标上不

---

① 许安拓：《乡村振兴中的项目为什么落地难》，《人民论坛》2019年第6期，第57~59页。

产生矛盾和冲突，也更能实现资源的长期有效对接。因此，乡村振兴从生活富裕上对脱贫攻坚进行了目标接续。乡村振兴中的五大振兴体现的都是在绝对贫困解决基础上的，生态美、乡风淳、治理好等更高层次上的生活质量与生活水平。可见，扶贫项目与乡村振兴项目在各分目标与总目标上都体现了二者的内在耦合。

（四）扶贫项目与乡村振兴的项目平台耦合

1. 扶贫项目与乡村振兴的项目平台功能耦合

在国家的大战略下，项目制是国家资源下乡的重要平台。项目制也是治理现代化的标志，是未来治理的重要手段，因此，也可以成为当前脱贫攻坚与乡村振兴有效衔接的平台。扶贫项目与乡村振兴项目的重要功能均是实现治理资源向乡村的汇集，项目正是扮演着资源输送的重要角色。脱贫攻坚实施以来，大量扶贫资源的精准落地、扶贫资源与贫困人口的精准对接都是通过各领域项目的精准安排来实现的。而当前乡村振兴资源的有效落地，依然延续着前期扶贫所搭建的平台继续往下输送资源。如东莞桥头镇"全域项目化"推进乡村振兴，以重点项目为抓手，确立了75项乡村振兴重点项目，总投资46亿元。[①] 兰州新区农投集团以落实项目建设为抓手，重点推进现代农业、生态修复、农田水利、土地投资、美丽乡村建设等各项工作。[②] 项目不论是在脱贫攻坚中，还是在当前乡村振兴阶段都继续充当着"资源下乡"的重要角色，并且随着国家治理信息与治理技术的发展，这种规范、高效的治理手段还将在未来的治理中发挥越来越重要的作用。

2. 扶贫项目与乡村振兴的项目流程耦合

在脱贫攻坚与乡村振兴都遵循项目化的资源流通渠道下，项目

---

① 《东莞桥头镇：推进乡村振兴"全城项目化"》，http://www.sohu.com/a/398652473_100161296，最后访问日期：2021年10月14日。

② 《推进项目建设 加快乡村振兴——兰州新区农投集团加速农业农村现代化发展步伐》，《兰州新区报》2019年1月11日，第3版。

自身的一整套流程也贯穿于脱贫攻坚与乡村振兴的整个过程。"项目制依靠形式理性构建的一套完整、严密的技术体系，通过规划、动员、申报、评审、立项、运作、监控、验收、评估和奖惩等系统化程序"① 将资源与治理等都有效地控制在规范化的流程中。项目规划是项目的最初阶段，各村在结合村发展实际，在国家、县、乡镇发展的大规划基础上，制定项目的总体规划。扶贫项目规划都是以三年或者更长的时间为周期，融入整个国家、县、乡镇、村的长远规划中。项目规划制定后，需要广泛发动、激励各社会主体进行项目的申报，在项目申报主体上，扶贫项目与乡村振兴项目的申报主体基本上是一致的。通过评审的项目会纳入项目库，按项目成熟条件逐年实施，扶贫项目库在一定程度上是乡村振兴项目库的重要项目参考。在项目实施阶段，会经历项目的转包，在转包给工程队后，项目的监控、验收、评估和奖惩等都会延续原有的各类项目政策。

因此，扶贫项目制和乡村振兴项目制一脉相承，能够为考察项目制下县域行政运行从历时性、典型性上提供重要参考。

笔者结合挂职于 J 区区委实施乡村振兴战略领导小组办公室一年的实践经验，以参与式观察为基础，展现县域行政项目化推进乡村振兴的实践样态，与 H 县项目运作进行对比分析，更系统、客观地展现项目制下县域行政面临的新问题与新挑战，进而提出更有针对性的治理优化对策。

J 区位于 C 市腹地，幅员 432 平方公里，辖 8 个街道、11 个镇、93 个村，常住人口 120.18 万人，其中，城镇人口 110.81 万人，城镇化率 92.20%，J 区乡村是典型的城郊型乡村。J 区根据区情制定了乡村振兴七大行动板块：乡村人才回引工程和城乡融合发展行动、共同富裕推进行动、质量兴农行动、乡村绿色发展行动、乡村文化兴盛行动、乡村善治行动、以脱贫攻坚为重点的农村民生保障

---

① 关晓铭：《项目制：国家治理现代化的技术选择——技术政治学的视角》，《甘肃行政学院学报》2020 年第 5 期，第 87~102、127 页。

和改善行动。在此基础上，J区衔接市政府三年投资项目库和市财政预算编制了J区三年计划，梳理出乡村振兴规划重大建设项目清单，其中重大建设项目共计51个，总投资额为260.95亿元（见表2-2）。

表2-2 J区乡村振兴规划重大建设项目清单

项目类型	数量（个）	投资额（亿元）
产业振兴	11	220.2
人才振兴	1	0.5
文化振兴	2	0.05
生态振兴	20	21.9
组织振兴	2	0.2
农村民生项目	15	18.1

在重大建设项目基础上，J区根据地域特点提出建设城乡融合发展的乡村振兴示范区，重点打造Y村农文旅融合片区、M村山水田融合片区、N村产镇景融合片区。乡村振兴推进遵循重点突破、试验探路、以点带面、整体推进的思路，选择部分镇、村用三年时间开展"五镇试验、十村示范、百村整治"工程（以下简称"五十百"工程）作为乡村振兴试点项目，每年的投资额为9900万元，资金来源为区级直补、涉农专项（见表2-3）。当前，J区乡村振兴工作开展以重点打造Y村美丽乡村项目、"五十百"工程为载体，以区委实施乡村振兴战略领导小组办公室（以下简称振兴办）为日常推进机构，负责统筹协调各部门乡村振兴工作的开展。

表2-3 J区"五镇试验、十村示范、百村整治"工程项目情况

项目名称	项目内容	投资额（万元/年）
五镇试验	康养、文旅融合、田园综合体、现代农业公园、特色小镇	5000
十村示范	村庄风貌、环境卫生、配套设施、村庄特色、产业发展	1500

项目名称	项目内容	投资额（万元/年）
百村整治	"六整治"：整治各类垃圾、生活污水、农村厕所、工业污染源、农业废弃物、疏浚河道 "六提升"：提升公共设施配套水平、绿化美化水平、饮用水安全保障水平、路通达水平、建筑风貌特色化水平、村庄环境管理水平	3400

J区对于乡村振兴战略的实施提出了以下要求：按照项目化、事项化、清单化、责任化要求，把各项工作逐一细化为一个个具体项目、一项项具体任务，形成项目清单、任务清单和责任清单，定人、定责、定目标、定时间、定任务、定标准，挂图作战，确保落实。

第三章　项目化运作中的县域行政：
以 H 县为例

　　本章将 H 县作为实践案例，具体分析项目制"嵌入"下的县域行政运行。首先，对 H 县的基本情况、行政分布、项目情况进行介绍。其次，集中选取 H 县项目中的五类典型项目案例作为重点分析对象。在此基础上，分别通过"项目运作各流程"与"县、乡镇、村"两条线索来深入考察五类项目案例的运作，从而全面地呈现项目制下县域行政运行的现实情况。"项目运作各流程"线索包括项目酝酿、申报、实施、验收各环节；"县、乡镇、村"线索以县级行政、乡镇行政、行政村"行政"的运行及互动为主线。两条线索虽有交叉、重叠，但分别从不同侧面与角度多方位地展现了县域行政的运行。在对项目化运作的整个分析中着重考察两条线索背后的项目资金构成、部门运作、人员调动、权力格局、利益重组、合作冲突等因素。

第一节　H 县概况

一　H 县基本情况

　　H 县位于 N 省西部，地处集中连片特困山区的腹地，与 C 省、G 省接壤，自 1986 年以来长期被认定为国家级贫困县。全县总面积

1109平方公里，其中耕地面积26.3万亩；辖12个乡镇205个村23个社区，总人口31.02万人，其中少数民族M族人口占77.3%，是M族聚居县、革命老区县。2020年，全县142个贫困村已全部脱贫出列，77313名建档立卡贫困人口全部脱贫，顺利实现贫困县脱贫摘帽，摆脱了千百年来的绝对贫困。

H县也是典型的农业县，工业集中在县城和少数几个乡镇，广大农村农民仍然以务农为主，工业对农业农村发展的带动辐射有限，城乡发展差距大。经济发展基础薄弱，农民收入单一，抗风险能力弱；农业产业化程度低，农民增收难。生存条件恶劣，返贫风险大，全县2/3的村庄坐落在海拔500米以上的山区，全县脱贫人口的85%集中分布在偏远、高海拔的山区。外出务工成为广大脱贫人口收入的重要来源，据统计在离县城较远的偏远山村，外出打工的人数占到全村人口总数的40%以上。随之产生的村庄空心化、留守儿童等问题在该县也较为突出。

县经济发展水平低，县财政长期依靠上级转移支付。精准扶贫提出以来，基于该县的贫困程度与上级领导的重视，该县在扶贫力度和中央扶贫项目资金的倾斜度方面都较大，扶贫项目成为县域经济社会发展的重要组成部分。

H县在乡村振兴战略下，在推进巩固拓展脱贫攻坚成果与乡村振兴有效衔接基础上，积极打造全国脱贫地区乡村振兴示范县。对照产业振兴、人才振兴、文化振兴、生态振兴和组织振兴要求，实施乡村振兴"六大行动"，即大力实施产业就业富民行动、大力实施美丽乡村建设行动、大力实施乡村育才聚才行动、大力实施乡风文明铸魂行动、大力实施治理效能提升行动、大力实施基层党建引领行动。在当前巩固拓展脱贫攻坚成果同乡村振兴有效衔接过程中，H县把全县划分为"文旅融合、三产融合、城乡融合、特色农业、绿色矿业转型"五个特色片区，按实际情况有序推进乡村振兴。

二　H 县行政情况

自 2015 年实行乡镇、村区划调整改革以来，全县乡镇由 18 个减少为 12 个，行政村也因合并减少为 205 个村、23 个社区，H 县 12 个乡镇及下辖村基本情况统计如表 3-1 所示。

表 3-1　H 县 12 个乡镇及下辖村基本情况

名称	人口数（人）	村（社区）个数（个）	主要收入来源
花镇	115159	70	农业、工业、林业
边镇	26412	19	农业、旅游业、矿业
潭镇	16071	11	农业、矿业
麻场镇	17470	14	农业、林业
乐镇	27644	16	农业、矿业
栏镇	19449	15	农业、矿业、旅游业
雅镇	8634	10	农业
龙镇	30400	22	农业
补乡	14631	12	农业、林业
猫乡	15576	10	矿业、农业、林业
长乡	15125	12	农业、林业
吉镇	19047	17	农业、烟业

从表 3-1 中可见，H 县的人口分布主要在花镇，并且大部分的乡镇是农业乡镇，经济收入单一。其他乡镇中边镇、乐镇、龙镇是人口较多的镇，其他乡镇人口分布相当。整个县域行政在撤乡并镇的趋势下，出现了相对大型的乡镇，典型的即为花镇，其下辖人口有 115159 人，几乎占据了整个县域总人口的 1/3，其带来的治理问题也是较多的，并且大型村庄的出现也对 H 县的县域治理提出了新的要求。

三　H县项目建设情况

大致从10年前起，项目在H县的各级党政工作、经济社会建设中逐渐占据重要地位。H县全县大力提倡"发展靠项目支撑，工作靠项目推动，面貌靠项目改善"的理念，以重点项目为抓手，"完善领导联系重点项目、要素保障服务、奖惩激励、跟踪问效追责等机制，层层加压和落实工作责任，确保重点项目建设支撑全社会固定资产投资增长20%以上"[①]。总体来看，与全国其他各市县类似，H县县域内的项目种类可划分为以下三种。

按建设类型划分为基础设施、城建、旅游、工业、农业、民生六大类，各建设类型的项目资金来源主要有财政投资、社会投资、招商引资、政府融资等。

按项目级别和重要性程度划分为县级重点项目与一般项目。县级重点项目规模及资金量大、涉及部门多、实施范围广；一般项目规模较小、资金量较少、实施范围以村为主。两类项目共同组成了县域的项目库。

按项目的投资来源划分为政府投资项目、政企合资项目、社会投资项目、政府与社会资本合作的PPP项目（Public-Private-Partnership）[②]。

[①] 2016年11月27日，H县发展和改革局局长作的《关于H县2016年国民经济和社会发展计划执行情况及2017年计划（草案）的报告》。

[②] H县财政局文件中给出的对PPP项目的名词解释：PPP项目是采取一种新的融资模式。PPP模式，即公共政府部门与民营企业合作实施建设的项目模式。PPP模式是公共基础设施建设中发展起来的一种优化的项目融资与实施模式，这是一种以各参与方的"双赢"或"多赢"为合作理念的现代融资模式。其典型的结构为：政府部门或地方政府通过政府采购形式与中标单位组成的特殊目的公司（特殊目的公司一般是由中标的建筑公司、服务经营公司或对项目进行投资的第三方组成的股份有限公司）签订特许合同，由特殊目的公司负责筹资、建设及经营。政府通常与提供贷款的金融机构达成一个直接协议，这个协议不是对项目进行担保的协议，而是一个向借贷机构承诺将按与特殊目的公司签订的合同支付有关费用的协议，这个协议使特殊目的公司能比较顺利地获得金融机构的贷款。采用这种融资形式的实质是：政府通过给予私营公司长期的特许经营权和收益权来换取基础设施加快建设及有效运营。

在此，本书选取了 2015~2017 年三年的 H 县项目建设情况，因为精准扶贫政策是自 2013 年后在 H 县开始实施的，项目成效在 2015 年后最为明显。H 县自 2015 年以来项目的建设趋势如图 3-1 与图 3-2 所示。

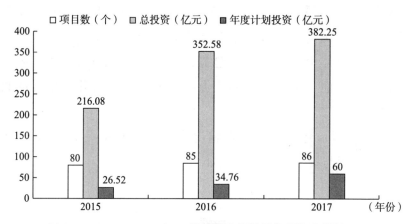

图 3-1 2015~2017 年 H 县项目建设数量与投资金额情况

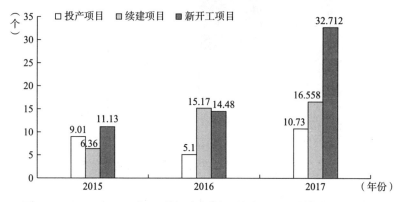

图 3-2 2015~2017 年 H 县投产项目、续建项目、新开工项目情况

从图 3-1 中可见，H 县 2015~2017 年三年期间总体项目数量有所增加，但变化不明显；但投资金额由 2015 年的 216.08 亿元增加到了 2017 年的 382.25 亿元，投资金额增加明显；年度计划投资则保持相对稳定。但整体来看，H 县项目的数量及投资金额都是逐年

增加的，尤其是投资金额增加量最为明显。

从图 3-2 中可见，H 县投产项目的数量在 2016 年有所下降，但在 2017 年有所上升，上升幅度较大。续建项目与新开工项目的数量每年都有所增加，特别是新开工项目的数量增加量最为明显。

因此，综合图 3-1 与图 3-2 的数据可以将 H 县 2015~2017 年的项目建设情况与资金投入情况变化趋势总结如下：一方面，H 县项目的建设总体上呈现上升的趋势，项目数量与项目金额总体上在增加；另一方面，项目投产的能力有所波动，但新开工项目的数量一直在增加。

从 H 县项目建设领域分布情况来看，在此重点分析 2017 年的在建项目类型与资金分布情况，如图 3-3 所示。

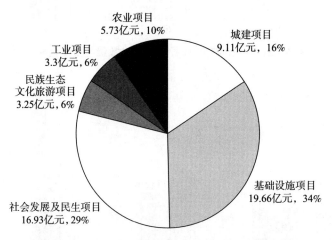

图 3-3　2017 年 H 县在建项目类型与资金分布

从图 3-3 中可见，H 县 2017 年在建项目中"基础设施项目"投资金额所占比重最大，为 34%；其次为"社会发展及民生项目"，占比为 29%；"城建项目"占比为 16%；"农业项目"占比为 10%；"工业项目"占比为 6%；"民族生态文化旅游项目"占比最少为 6%。在项目数量与项目资金的详细分布上，2017 年全县共安排重点建设项目 86 个，项目总投资为 382.25 亿元，年度计划投资约 60 亿元。按建设类型划分为基础设施、城建、民族生态文化旅游、工业、农业、社会发展及民生六大类：基础设施项目 27 个，年度计划投资 19.66亿元；城建项目 12 个，年度计划投资 9.11 亿元；民族生态文化旅游项目 5 个，年度计划投资 3.25 亿元；工业项目 12 个，年度计划投资 3.3 亿元；农业项目 12 个，年度计划投资 5.73 亿元；社会发展及民生项目 18 个，年度计划投资 16.93 亿元。

第二节　H 县项目化运作的典型案例

本书主要依据项目的资金来源与项目的重要程度进行项目案例挑选。一方面，因为项目的资金来源决定了项目的属性以及项目的管理方式、项目运作背后所涉及的权力部门，进而能够反映县域行政运行的过程；另一方面，对项目规模大小及所属地域的考察，能够更全面地展现县一级、乡镇一级、村一级在项目制下的行政运行情况。因此，选取的典型项目都是县级重点项目，并且资金来源多样。

一　案例一：吉河水库项目

H 县吉河水库项目是财政投资的典型案例。该项目是 2013 年 12月开工建设，以农业灌溉、城市供水为主，兼顾灌区人畜饮水的民生工程。吉河水库坝址距县城 17 公里，工程等级为 Ⅳ 等小（1）型工程，工程周期为 25 个月。项目计划总投资 2.26 亿元，资金来源分两部分，烟草援建资金（1.197 亿元）和县自筹资金。截至 2017 年，完成项目总投资 18956.81 万元，占项目计划总投资的 83.88%，其中：已完成工程投资 9806.81 万元（其中枢纽工程完成投资 6084.77万元，灌区工程完成投资 3067.04 万元，监理费用 303 万元，支付设计费用 320 万元，其他投资 32 万元），占烟草援建资金的 81.93%；征地拆迁和移民安置投资、交纳各部门各项费用 9150 万元。

二 案例二：猕猴桃产业项目

猕猴桃产业项目是政企合作扶贫项目的典型案例。该项目是精准扶贫提出后，由县委、县政府组织引导，市级龙头企业与 M 合作社牵头，以高端科研院所为项目技术依托而开发实施的猕猴桃精准扶贫重点产业项目。项目由龙头企业组织申报，与贫困村实行"龙头企业＋贫困户＋土地流转户＋村集体"的股份制与委托帮扶相结合的农业产业精准扶贫方式。项目总投资 9577.98 万元，其中猕猴桃种植项目投资 7800 万元，建设面积 3000 亩，其中在 H 县域内的 N 省（国家）农业科技示范园区内流转土地 1000 亩，建设精品猕猴桃示范基地、果蔬加工贮藏配套投资 1777.98 万元，建设冷库规模 7000 吨。项目资金构成为：一是国家财政帮扶贫困户和村集体投资入股资金 3540 万元；二是国家扶持产业资金 1441 万元；三是企业贷款资金 1000 万元；四是委托帮扶贫困户小额信贷资金 640 万元；五是企业自筹资金 2956.98 万元。

三 案例三：商贸物流园项目

H 县商贸物流园项目是招商引资项目的典型案例。项目建设工期为 2016~2022 年，规划用地面积 500 亩，建筑面积 40 万平方米，致力于打造集商贸、物流、仓储、电商及相关服务行业于一体的综合性现代商贸物流平台。该商贸物流园项目是 H 县的重要招商引资项目，由国有独资的 Z 公司作为建设主体；由 Z 公司拟投资 150357.93 万元进行建设，该公司全面负责商贸物流园项目建设及后期的管理与运营。

四 案例四：茶镇风情小镇旅游开发项目

作为政府融资项目的典型案例，茶镇风情小镇旅游开发项目是政府与社会资本合作的 PPP 项目。项目总投资为 14.9 亿元，其中政府存量资产为 3.77 亿元，新建内容为 11.2 亿元，其中在建工程为 0.5 亿元。从占股比来看，政府占股 30%，社会资本方占股 70%。政府以现有的 3.77 亿元存量资产入股与社会资本方组建公司进行项目建设，合作方式为"建设—拥有—运营—移交"，建设期 3 年、运营期 20 年，回报率为 6.95%，回报方式为可行性缺口补助。2017 年 12 月，通过竞争性磋商的采购方式，政府已成功招纳社会资本方。社会资本方是由 T 公司（牵头单位）、N 公司（成员一）、S 公司（成员二）组成的社会资本方联合体。

五 案例五：M 湖美乡村振兴综合开发项目

M 湖美乡村振兴综合开发项目是"多域整治、多产融合"的生态环境导向的开发（EOD）模式项目。H 县以河流和湖泊周边为主线，实施生态环境治理和产业发展两大类项目，投资估算总额为 526859.12 万元，主要涵盖矿业环境综合治理与生态修复项目、矿业资源综合整治与利用项目、饮水安全项目、乡村振兴产业综合开发项目等四类。项目以 H 县国有资产投资运营有限责任公司为主体实施单位，力求实现系统性、全域性治理，着力解决 H 县以矿为主的生态环境综合治理问题和脱贫地区乡村振兴产业发展问题。

整体来看，五类典型项目代表了 H 县不同的项目种类，也代表了县域主要的重点项目，五类典型项目的资金来源与构成情况总结如表 3-2 所示。

表 3-2 H 县五类典型项目的资金来源与构成情况

项目名称	建设起止年限	资金来源	总投资（万元）
吉河水库项目	2015~2017 年	中央资金 地方自筹	22600
猕猴桃产业项目	2014~2020 年	中央资金 企业资金 银行贷款	9577.98

项目名称	建设起止年限	资金来源	总投资（万元）
商贸物流园项目	2016~2022 年	招商引资 银行贷款	150357.93
茶镇风情小镇旅游开发项目	2013~2018 年	中央资金 地方自筹	149000
M 湖美乡村振兴综合开发项目	2023~2026 年（一期） 未定（二期） 未定（三期）	中央资金 银行贷款 企业资金	526859.12

第三节　H 县项目化运作的过程

项目的运作可以划分为四大流程：项目规划制定、项目酝酿与申报、项目实施、项目验收与运营。四大流程中又具体包括：项目规划制定阶段的项目总规划与项目库的建立；项目酝酿与申报阶段的策划、论证、申报、审批、评审；项目实施阶段的招标、实施、协调、监管；项目验收与运营阶段的验收、审计、运营等。由于项目资金来源与资金构成不同，项目运作各流程阶段的手续与环节也有所差异，但总的运作流程不变。因此，通过对以上所罗列的五类典型项目运作各流程的详细剖析与考察，可以对项目制下整个县域行政运行的实态进行详细的展现。

一　项目规划制定

项目总规划的制定遵循县级总设计与总指导、各职能部门负责、乡镇具体汇报的原则，由以上主体共同完成。项目总规划的主要载体是县域总项目库，总项目库不仅包括县域层面的重点项目，同时还包括各职能部门的部门项目库。[①]项目总规划的时间一般为

---

① 需要说明的是，总项目库中的重点项目与部门项目之间并不是严格区分的，有些重点项目也是部门重点建设的项目。只是在于项目被纳入县级层面的重点项目时更凸显了其在县域层面的重要性和受重视程度。

5 年，主要是指县国民经济和社会发展规划、各职能部门规划等。而各职能部门规划与其他领域的规划都是在县国民经济和社会发展规划的指导下展开的，以县国民经济和社会发展规划为范围和标准。如 2016 年 3 月，H 县制定的《H 县国民经济和社会发展第十三个五年（2016—2021）规划纲要》（以下简称"十三五"规划）对未来 5 年县域的经济、社会、民生等各类项目进行了汇总，并形成了以重点项目为重点建设对象的项目建设方针。各部门依据县"十三五"规划这一总规划来进行规划制定，从而形成了各部门的部门项目库。虽然乡镇、村一级也会制定相应的规划与确立相应的项目库，但只有大型重点的项目才会纳入县一级"十三五"规划的项目库中。如县扶贫开发办的《H 县"十三五"（2016—2021）脱贫攻坚规划》就是在县"十三五"规划的总规定下制定的。2022 年 3 月，H 县制定的《H 县国民经济和社会发展第十四个五年规划和二〇三五年远景目标纲要》（以下简称"十四五"规划）也对 H 县的整体发展布局进行了规划，H 县的项目库建设即在"十四五"规划布局下展开。

项目规划制定的重要意义在于其形成的总项目库，总项目库为整个县域未来 5 年的项目建设定下了总基调与绘制了总蓝本，整个县域的项目运作都是以总项目库为参照。总项目库有较大的约束力与指导意义，尤其是在以经济建设为中心的总政策下，总项目库作为实现县域经济社会发展的重要依托，其受到来自县级各大核心权力部门的高度重视，也由此发挥了重要的效力。

也因此，在项目规划阶段县域行政运行主要体现在以下两个方面：一是县级行政对县级总项目库制定的意见进行指导；二是各部门、乡镇及村在项目汇总时围绕县域行政所制定的项目规划开展活动。

在县级总项目库制定中，通常需要遵循以下流程：首先，按详细的《项目规划说明》由县各职能部门将部门有关的项目计划及部门规划进行统一上报，最终汇总至由县发展和改革局，再由县发展和改革局具体负责《县国民经济计划草案》的起草工作；其次，将起草与完善的《县国民经济计划草案》报县委办、县政府办、县政协办、县人大办（即通俗意义上的"四大办"）进行审议；再次，在"四大办"对草案的合政策法规性、合县域实际性、合部门职责和发展目标性等审查的基础上，由县委集中召开会议来协商讨论以形成最后的定稿；最后，将定稿上报市一级、省一级部门，在获得上级部门的批复后，即完成了整个县级项目库的确立工作。

在各部门项目库的制定中，各部门依据所对口的上级管理部门规定、政策法规、项目资金"口子"以及部门的职责，来制定本部门的项目库。如从《H县"十三五"（2016—2021）脱贫攻坚规划编写说明》中即可以看到部门项目库的整个建立过程。

H县"十三五"（2016—2021）脱贫攻坚规划编写说明
（节选）

一、规划编制的依据、原则

以《中国农村扶贫开发纲要（2011—2020）》（中发〔2011〕10号）、《中共中央办公厅、国务院办公厅印发〈关于创新机制扎实推进农村扶贫开发工作的意见〉的通知》（中办发〔2013〕25号）、《中共N省委办公厅N省人民政府办公厅印发〈关于创新机制扎实推进扶贫开发工作的意见〉的通知》（N办发〔2014〕8号）、《N省扶贫开发办和N省发展和改革委员会联合发〈关于做好县级"十三五"脱贫攻坚规划工作的指导意见〉》（N扶办联〔2016〕16号）、《市委市政府〈关于加快推进扶贫开发工作的意见〉》（市发〔2014〕1号）等文件为依据，以"贫困人口脱贫、贫困村退出、贫困县摘帽"为总原则，规划项目重点向贫困村、贫困群众倾斜，规划到点上、规划到根上。

　　二、规划编制过程

　　（一）行业规划的编制。按文件精神召开了行业和乡镇布置会，请水利、交通、农业、卫计、人社、教体、民政、搬迁、民宗文旅、国土、经信、住建、移民、林业、供电等 15 个行业部门做好各自的行业脱贫攻坚规划。

　　（二）乡镇规划的编制。按文件精神召开了行业和乡镇布置会，请全县 12 个乡镇根据各自贫困村情况做好各自乡镇的脱贫攻坚规划。

　　（三）行业和乡镇规划数据对接编制。产业发展类别行业和乡镇对接，其中行业规划的资金为 45.7 亿元，乡镇规划的资金为 25.4 亿元，以行业规划的数据为准汇总上报，乡镇规划作为具体到村的项目数据；基础设施和公共服务行业和乡镇对接，其中行业规划的资金为 49.02 亿元，乡镇规划的资金为 19.17 亿元，以行业规划的数据为准汇总上报，乡镇规划作为具体到村的项目数据。其余的助学培训、搬迁改造、社会保障、生态扶贫考虑到行业统计的数据相对准确，所以以行业的数据为准汇总上报。

　　（四）市里审核汇总。

　　（五）省里批复。

　　如在所列举的典型案例二中，猕猴桃产业项目即县扶贫开发办主抓的重点项目。县扶贫开发办具体负责项目的备案以及项目的申报工作。在扶贫开发办将项目申报等工作都向上级汇报后，猕猴桃产业项目即纳入县级项目库的脱贫攻坚子项目中。当然，在项目库确定后，国家大政方针的变化、各职能局资金政策的增加与调整、县域实际发展需求对项目的调度等都会带来项目数量的增加或减少。由此，县域对项目的变更与调整有着严格的规定：总项目库的变更原则上不超过整个项目库的 20%，并且项目的变动需要优先服从于重点项目，项目变动要在县域总规划的指导下进行。

在乡村振兴战略下，H县紧紧抓住全省战略部署的机遇，立足乡村振兴示范创建需求，提早谋划、包装、储备一批高质量项目入库，全力争取更多的项目进规划"笼子"。2020年以来，H县共向上申报项目129个，已实现落地资金17.07亿元。其中中央预算内资金2.28亿元，地方政府专项债券14.26亿元，其他资金0.53亿元。H县还强调要优化营商环境，2021年以来，共引进招商引资项目190个，集中签约已落地项目47个，已签约待落地项目41个，在谈项目102个，合同计划投资317.24亿元。H县还成立了由县委书记挂帅，县长任第一副组长的招商引资工作专班，组建招商引资"小分队"，以重点招商活动为平台，积极参加招商活动，举办专场招商活动。2020年以来，共参加招商引资活动12场次，举办专题招商活动23场次。同时，推行"一条龙式"服务，紧扣客商项目办理程序各环节需求，适时开展服务工作。同时对全县所有新增1000万元以上的项目，均建立一位县领导牵头负责落地、跟踪推进的工作机制，主动服务、主动对接，全力做好跟踪服务工作，成功引进一大批优质项目。

二 项目酝酿与申报

项目的申报主要包括两个领域，一种为向上级部门争取项目资格的县域外项目申报；另一种为乡镇及村向县直部门争取项目的县域内项目申报，这种县域内的项目申报体现的是从县域外争取而来的项目在县域内的再次分配过程。两个领域内的项目申报都需要各主体"争资跑项"来获得更多的项目。

（一）项目论证与申报

项目的论证与申报是项目酝酿与申报的最初始阶段，基本上由各项目负责部门独自完成。各项目负责部门通过寻找专业的中介机构与专家进行项目的论证，并按上级项目申报的要求进行项目申报书的编写。但就现实情况来看，为了使县域获得更多的项目，项目的前期论证基本上只要"过得去"即可，严密的项目论证可能被忽略，项目的申报重点则转向了如何更好地获得项目的审批与立项。

1.部门的向上申报

虽然中央制定了专门的政策及安排了相应的专项资金，但资金的下达需要下级部门以项目申报的形式进行申请，也由此项目申报数量的多少就成为获得资金量大小的关键。对于向上申报的项目，项目能否立项在很大程度上取决于县级项目申请所具有的可行性与"说服性"。对于中央专项资金的下拨而言，全国的县非常多，而资金总量是有限的，虽然可以做到资金量都下拨至各个县，但若它们不积极向上申报则难以获得较多的资金量倾斜。因此，在县域形成了各部门大力申报项目、大力谋划项目的现状。特别是对于有利于县域发展的重大项目，整个县会集县委、县政府及项目主管部门的全体力量来进行项目的申报。典型的案例即为案例一中的吉河水库项目。在与水利局项目股负责人的访谈中笔者了解到，吉河水库项目在项目申报中较早地获得上级项目信息，及时抓住了项目申报机会。

我县吉河水库项目幸亏申报及时，否则都难以保留这份资金。经过多方打听后，县里得知以烟叶生产基础设施建设的烟水工程名义，可以进行项目申报。县里马上下达通知至全县各部门，要求各部门根据县现实和部门情况，结合烟水工程及时编制项目。当时，市里有几个相邻县与我们竞争，更是加大了我们的紧张度，若不及时上报则难以获得项目。最后，确定了现在的吉河水库项目。但是你也看到，吉河水库项目仅为 IV 等小（1）型工程水库，投资 2.26 个亿，还包括地方需要配套的资金。当时实在是时间有限，向上申报项目需要层层审批，多个部门"跑动"，如水利部、长江委、省水利厅等部门。项目级别越高，需要跑动的部门就越多，而通过降低水库级别则能少跑几个部门。也就这样以"牺牲"项目级别的方式我们最后获得了项目，项目的资金拨付走得是水利局的水库建设资金。

访谈对象：H 县水利局项目股负责人隆某

访谈日期：2017 年 8 月 16 日

2. 乡镇与村的县域申报

乡镇与村的县域申报是项目落实至乡镇与村的首要过程，该类项目与县域外申请下来的重点项目不同。一般而言，该类项目中央已经明确在县域一级的资金拨付量，不需要县以项目的形式获取资金，典型的例子即精准扶贫专项资金。在精准扶贫专项资金下达之前，中央已经依据贫困县所上报的贫困人口数、贫困发生率、贫困程度、贫困项目的需要量进行了资金的计算，并且 2016 年国务院办公厅印发了《关于支持贫困县开展统筹整合使用财政涉农资金试点的意见》(国办发〔2016〕22 号)对贫困县的涉农资金进行了集中用于精准扶贫的整合。同时，N 省也结合中央文件与 N 省实际明确了涉农资金整合的范围。这种责任、权力、资金、任务"四到县"的改革更是加大了县域一级对专项资金的分配权，也因此，乡镇与村向县一级"争资跑项"的力度也有所增加。

(二)项目申报流程

1. 县域外的项目申报

县域外的项目申报严格遵守项目申报的规定，严格填写项目申报书，按上级的项目政策"口子"进行项目的申报。在这一过程中，向上级部门的"跑动"是需要的，在与各项目负责部门人的交谈中得知一个百万元以上的重点项目整个申报流程走下来需要耗费县域大量的人力、物力、财力。项目申报中需要涉及生态环境、能源、自然资源、规划、住建等多个行政部门。

2. 县域内的项目申报

与县域外的项目申报不同的是，县域内的项目申报不需要向上级争取资金，只需要向项目主管的部门进行项目的申请即可。但也需严格遵循项目申报流程及按照项目相应的规范完成项目申报。项目申报遵循"村民议定、村级申报、乡镇初审、县级审批、市级汇总、省级备案"的申报审批程序。村民委员会、村民协会、合作社通过民主决策向乡镇申报，由乡镇人民政府初审后报县相对应的职能部门进行审批。《H 县扶贫开发办项目申报流程》中规定了县域内的项目申报过程。

H 县扶贫开发办项目申报流程

一、村里规划

（一）贫困村村"两委"和工作队根据各村实际情况衔接好整个村 5 年扶贫发展规划。

（二）贫困村以扶贫发展规划项目统一的表格形式上报到乡镇扶贫办。

二、乡镇上报

（一）乡镇扶贫办把所属贫困村上报的项目规划建库保存好作为全县原始的项目库。

（二）各乡镇把各村项目以文件形式报送县扶贫开发办。

三、县扶贫开发办备库实施上报

（一）县扶贫开发办根据各乡镇上报的项目规划建成规范、高标准的项目库。

（二）县扶贫开发办根据实际情况从项目库筛选上报市、省或县本级审批。

就县一级而言，一般涉农类的资金县一级有相对应的项目审批权。"以工代赈"、"一事一议"、产业发展类的项目资金县一级对于项目投放于哪个乡镇、哪个村拥有较大的调配权。在此情况下，项目的规范与管理就显得尤为重要。虽然省、市一级将项目审批权与资金拨付权进行了下放，但也严格制定了项目的申报规范，并对各县进行了项目申报的培训，同时规定县须将培训的内容向乡镇、村层层落实。最后，按上级要求制定的申报书统一在县各部门进行报备，报备材料成为督查、考核与审计的重要依据。此处罗列的《猕猴桃产业扶贫项目申报书（提纲）》与省扶贫办开发指导处的《产业扶贫培训班讲课稿（提纲）》中有关项目申报书的培训内容是一一对应的。从《猕猴桃产业扶贫项目申报书（提纲）》中可以对项目申报流程的各种项目规范进行了解。

猕猴桃产业扶贫项目申报书（提纲）

一、产业建设基本情况

二、经济组织情况：承建的 M 公司情况

三、项目建设规模

（一）投资规模

（二）建设规模

（三）扶贫对象规模

四、确定利益联结机制

五、经济效益分析

六、项目资金来源构成

七、佐证材料

三　项目实施

（一）项目招标

项目的具体建设均是由相应的建设公司负责的。也因此，项目的施工需要公开招标。项目招标是按照《工程建设项目招标范围和规模标准规定》《中华人民共和国招标投标法》《中华人民共和国招标投标法实施条例》中的规定严格进行的。因此，依据相关规定，50 万元以上项目的招投标由各部门依据《中华人民共和国招标投标法》《中华人民共和国招标投标法实施条例》在部门网站上进行项目的公开招标；50 万元以下的项目则大部分由小型公司及相应的包工队负责。笔者在 H 县的调研中发现，大部分的小型项目往往由固定的承包公司承担了。

　　最典型的承包公司即黄某成立的 J 公司。黄某是外地人，但来我们县已经有 16 个年头了，他成立的公司基本上已经能够拿下我们县大部分的小型项目的建设资格。作为外地人当时我们都非常质疑他，因为本地成立的建设公司本身就难获得项目，更何况是一个外地人。本地人已经形成了一定的关系网，要进入这个网并在这个网中有一席之地是非常难的。但黄某非常吃得开，他成立的公司信誉也比较好，因此就在我们县就混开了。按照政策的规定，项目验收合格后才拨付建设资金，前期的工程建设资金都是由承包公司先行垫付。但大家都比较愿意为政府做事。贫困地区市场差、无好的工业及农业，近几年矿业形势不好，只有政府项目还有一定的吸引力。

访谈对象：县政府办副主任杨某
访谈日期：2017 年 3 月 26 日

　　县域的"熟人关系网"容易产生"权力 – 利益共谋"的现象，项目腐败也容易在该环节中产生，导致项目资源分配不均、项目效益耗损的现象。

　　（二）项目协调

　　项目指挥部是项目协调的主要机构。县设立了大量议事协调机构，包括各种名目的临时办公室、各种指挥部等，其中以项目指挥部最为盛行，其主要围绕项目实施，抽调人员，组成专门班子，调集各方面的资源和力量。

1. 指挥部设置的原因

一方面，项目实施过程中可能会受到来自各方的阻力，而各部门各自为政、相互平级，难以协调项目开展过程中遇到的各种问题，如征地拆迁、阻工闹工等问题需要协调多个部门与多方力量共同解决。而且就同一类型的项目来说，项目的来源非常广，多个部门都有申请的资格与权限，如农田水利的渠道修整项目，县财政局、县烟草公司、县以工代赈办都拥有该类项目的审批权以及专项资金。但各部门间不存在领导关系，并且各部门都有为了各自的部门业绩以及部门发展而多争取项目的意图。也因此，部门间的项目争取容易使项目推进受阻、项目管理难等问题出现。另一方面，县级层面缺少协调项目的专门部门。依据《县发展和改革局主要职责内设机构和人员编制规定》规定，县发改局拥有对项目一定的协调与统筹权。其权力体现为以下两个方面。其一，研究提出县重点建设项目计划，组织开展重大建设项目稽查；负责政府投资项目实施的指导、协调和监督管理。其二，统筹安排县级财政性建设资金和投资项目，编制下达政府投资年度计划；规划全县重大建设项目和生产布局，按规定权限审批、核准、审核，备案跨行业、跨领域和涉及综合平衡、重大布局的重大建设项目、外资项目；研究提出全县利用外资的战略、规划、总量平衡和结构优化的目标和政策。但就现实的权力运行来看，县发改局统筹项目的能力与权限则容易被架空。

在县级层面的发改局对于多数项目较难有实际的协调权力，大多数情况下只是项目备案的一个单位。特别是对于财政局、水利局、交通运输局、住建局、扶贫开发办等这类拥有资金与项目的部门，它们申报项目有时候只是在项目申报完成后来我们局报备一下。除了个别大型项目我们局非常了解外，我们对各部门实施项目的内容、推进项目的进度如何很多情况下都难以全部知晓，对于统筹与协调项目就更难了。

访谈对象：H 县发改局项目办主任宋某

访谈日期：2017 年 3 月 20 日

项目指挥部的成立还有利于领导权力在指挥部的凸显及领导能力的展现，对于干部来说可以获得人员调动及晋升的机会。因此我们在调研中发现，凡是纳入县域重点项目的大型项目，大都在项目实施地附近设立了项目指挥部，并派领导干部对口管理、长年跟进，同时安排专职人员坐班。表 3-3 中是吉河水库项目指挥部的人员构成情况。

表 3-3　吉河水库项目指挥部的人员构成情况

来源单位	人员职责
县自然资源局	土地管理
县经管局	土地承包合同管理
县财政局	资金管理
县住建局	项目建设规划
县水利局	水利业务
县林业局	林业用地管理
县发改局	项目协调

从表 3-3 中可见，项目指挥部的人员构成基本上包含项目实施过程中所可能涉及的各职能局。从调研的多个项目指挥部情况来看，项目的人员构成大同小异，但基本上离不开如县自然资源局、县财政局、县住建局等几个重要的部门。

2. 指挥部的机构运作

项目指挥部相当于临时的综合办公机构，为县各部门联合办公提供了平台，也为项目的建设公司提供了与政府部门衔接的专门窗口。项目指挥部机构设置较为齐全，包括综合办公室、资金股、管理股等，项目建设公司的管理机构也设在项目指挥部内。这样可以方便政府人员与项目建设公司的业务往来，也可以加强政府对项目建设的管理。以商贸物流园项目建设为例，笔者在调研中曾多次前往项目指挥部，每次前往指挥部办公室都有专人值班，指挥部办公室内悬挂的项目有关介绍、工程完成图、项目分期建设情况、项目管理机构图等都相当齐全，同时指挥部内的食堂等后勤设施也非常完善。这些都说明指挥部的日常工作与运营都纳入正规化的管制中，在指挥部中工作的人员与政府其他机构的工作人员实行相同的工作时间及管理制度。商贸物流园项目指挥部即设在了商贸物流园建设工地边缘的一栋楼房处，从指挥部可以远眺整个商贸物流园工地的建设情况。在商贸物流园项目的指挥部大楼内，政府的指挥部在二楼、招商引资公司管理处在三楼，在调研中发现政府人员与公司人员非常熟悉，如同同事一样。在调研中，笔者对商贸物流园项目指挥部负责人吴某就项目的建设情况、日常工作、部门间协作、指挥部的日常运作等问题进行了访谈。

物流园项目是我县针对当前县内物流行业零散、仓库不统一、安全隐患大的情况，以及顺应物流发展的趋势，提升县整体的经济发展而酝酿申报的项目。该项目计划酝酿与前期论证已提出来挺久了，并且也作为县委、县政府的重要项目进行推进，县里对该项目的重视度非常高。县里的项目种类非常多，这个物流园项目是属于县里招商引资的项目，项目的资金构成比较简单，项目牵涉的职能部门也较单一。该项目中我们政府的任务是提供最优质的招商环境，为企业提供用地、用电、征地拆迁、政策优惠等施工与运营环境的保障。在各项工程完成后即完成了指挥部的使命，指挥部也会随即撤销，但也会保留一定的人员进行物流园的管理。目前在项目推进中，最大的阻碍来自征地拆迁、迁坟等项目建设中的前期场地的"清理"工作。我们预定于今年 6 月进行二期工程的开工，但就因为迁坟中村民的不配合而受到了很大的阻碍。仅仅就一个迁坟的工作啊，就能对我们造成这样大的阻碍。也因此，就需要各部门的协调配合，而各部门的配合还需要拥有综合调配权的领导出面统筹协调才能更顺利进行。一般情况下我会在项目指挥部内办公，但大多数情况我需要在各部门与县委、县政府间"跑动"，以协调项目建设的各项工作。有时候接待处理项目征地拆迁后的信访维稳、闹工阻工等问题就会消耗我们项目指挥部的大量精力与时间。

访谈对象：H 县政府办副主任吴某

访谈日期：2017 年 8 月 25 日

从项目指挥部组织架构来看，项目指挥部基本上成为项目协调的主要部门，指挥部的机构设置、人员构成都反映了项目在县域的受重视程度以及围绕项目而展开的人事调动情况。除此之外，由项目指挥部协商后需要县级层面协调的事项，则会先在县政府办召开专题协调会及方案整改会。随后将整改方案上报县委，形成项目的最终整改方案。因此，在整个项目建设过程中，项目指挥部是项目的日常协调机构，负责日常的项目管理及执行县委、县政府的决议。县委、县政府对项目的领导与指挥也始终贯穿于项目整个运作过程中。

（三）项目监管

项目的监管包括整个项目实施过程中的工程质量、进度、规格等的技术性与成效方面的监管，也包括整个过程中反腐败方面的廉洁度监察。

1.纪律检查委员会的监察

"所谓基层腐败，实际上就是作为国家权力结构中的县级以下部门或乡（镇）、街办与村（居）组织及其成员以权谋私的贪腐行为。"①县纪委对于项目中的腐败监察即属于基层反腐败的范畴。由于项目涉及大量资金，其长期以来成为腐败分子所觊觎的对象。项目实施过程中需要经历招标、实施、协调等多个环节，每个环节都容易产生以权谋私的行为，而且各环节环环相扣，所以更需要对项目实施中的各流程进行监督。项目腐败中的套取骗取、贪污挪用、"雁过拔毛"、"张冠李戴"、优亲厚友等现象严重影响项目的推进以及项目的最后成效，也给县域治理及发展带来极大影响。党委系统的纪检部门是县域项目反腐的重要力量，负责对项目进行监察。党委系统运用专业的反腐手段，结合群众举报等措施有效提升了项目的廉洁度。

2.政府系统中的监管

政府系统对项目实施的监管主要来自以下几个部门：县监察局（现改为县监察委员会）、县发改局、县审计局、县财政局。②其监管主要部门及职责总结如表3-4所示。

表3-4　项目监管主要部门及职责清单

部门名称	负责股室	具体职责
县监察局（现改为县监察委员会）	多股室共同负责	贯彻落实国务院、国家监察委、省及市人民政府和县人民政府关于行政监察工作的指示、决定，开展行政监察工作。主要对项目建设中的廉洁问题进行监察

---

① 史云贵：《哪些基层腐败令人深恶痛绝》，人民论坛网，http://www.rmlt.com.cn/2017/0522/475446.shtml，最后访问日期：2021年10月14日。
② 此处罗列的是对项目实行监管的几个主要部门，并不代表其他县直部门对项目无监管权。

续表

部门名称	负责股室	具体职责
县发改局	项目管理稽查股	组织开展对重点、重大建设项目的稽查和监管
	重点项目建设办公室	拟订全县重点建设项目年度计划并负责组织实施和监管；提出推进重大项目前期工作的政策措施和项目前期经费计划安排的建议，并负责执行和监管
县审计局	多股室共同负责	对县域内政府投资和以政府投资为主的建设项目、县属重点建设项目、县直各部门管理的固定资产投资建设项目的招标概预算执行情况、工程造价、工程决算、工程设计、施工、监理等工程管理事项、相关财务收支及投资绩效进行审计监督；负责基建类民生工程项目、资金审计监督
县财政局	财政投资评审中心	对财政性资金投资项目工程的概算、预算和竣工决（结）算进行评估与审查；对财政性投资项目的立项、申报及招投标进行预评审和审查；对财政性资金项目情况进行专项检查；为预算编审、预算执行服务、开展项目支出预算评审，为部门项目支出预算的核定、安排提供依据
	县财政监督检查股	对预算的编制与执行、预算收入的征收与缓解、预算支出的拨付与使用、预算外资金的收支与管理、国有资产管理和会计信息质量进行监督检查

综上所述，党委系统与政府系统共同组成了县域的项目监管系统。其中，党委系统中的纪委是对整个县域项目监管的重要部门。政府系统中各部门的监管主要体现为县审计局、县财政局的技术性监管。县监察局（现改为县监察委员会）在县域中与县纪委一同行使监管权。县发改局的项目监察权则较弱，但也行使着法定监察职权。

虽然县域建立了相对完备的项目监管体系，但现实中还存在项目监管难以跟进项目实际进度的情况。县域每年续建以及新开工的大大小小项目非常多，已经远远超过了监管部门的承受范围，并且各部门各自为政的情况也加大了项目的监管难度。因此，出现了项目监管吃力及监管不到位的情况。当前，县域形成了以重点项目为主抓手的项目建设及监管格局，而对其他中小项目的监管不足。

四　项目验收与运营

（一）项目验收

项目验收是项目建设的最后阶段，项目只有通过验收才能交付使用。项目在验收后才实现了项目的落地，才能进行全部的资金拨付与项目后期运营的开展。项目验收是对项目合格情况、与申报书的吻合度、项目资金使用情况等的验收，对于整个项目的运作也极为关键。项目验收分为两类：上级部门的项目验收与县域内的项目验收。县级重点项目主要受上级部门的验收，县域内的项目一般受县域项目主管部门的验收。以《H县扶贫开发办扶贫项目验收流程》为例，H县扶贫项目的验收流程包括：首先，项目完工后，项目实施单位组织相关人员自评验收；其次，项目实施单位向县扶贫开发办提请项目验收报告；再次，县扶贫开发办依据报告查验项目资料；最后，县扶贫开发办根据项目实施方案的明细条款现场点验。

整个项目运作流程的各环节紧密度高，项目验收是项目运作中的拨款与移交使用的最后环节。项目在运作过程中的"雁过拔毛""私吞挪用"等腐败行为容易在项目验收时被发现。因此，在现实中项目验收者被买通是项目腐败发生的重要方式。

（二）项目运营

项目运营涉及项目后期运营权归属与项目的延续性问题。项目投资来源的不同决定了项目后期运营方式的差异：政府投资类项目由政府负责运营，产权归政府或集体所有；政府与企业合作类项目的权责依据合作的协议来确定；招商引资项目在项目前期建设完成后，政府退出，企业成为项目运营的主体。

笔者在实践调研中发现，除了基础设施类项目外，许多政府投资的产业扶贫项目难以面对市场，较难存活，同时还存在部分贫困县招商引资困难等现象，招商引资项目的质量较差、数量较少。在 H 县，有这样的说法"企业投资我们贫困地区县不如投资市一级，投资市里不如投资以省会为中心的发达经济圈，但是投资我们中西部省份的发达经济圈又怎么比得上投资沿海地区划算呢"。在这样的情况下，项目运营更加困难。

但项目运营也是保证项目效益持续发挥，实现项目价值的重要一环，因此做好项目衔接是保证项目有效运营的关键。2020 年发布的《中共中央　国务院关于实现巩固拓展脱贫攻坚成果同乡村振兴有效衔接的意见》第二十三条强调，做好规划实施和项目建设衔接。以实施乡村振兴规划为重点，统筹脱贫地区各项具体专项规划的编制和实施，将实现巩固拓展脱贫攻坚成果同乡村振兴有效衔接的重大举措纳入"十四五"规划，将有关重大工程项目纳入"十四五"相关专项规划。优化完善帮扶政策，健全乡村振兴政策体系，加强乡村振兴项目库建设。

H 县成立了扶贫项目资产管理工作领导小组，出台了《衔接过渡期关于明确扶贫项目资产管理确权登记的通知》，对全县扶贫项目资产管理进行"回头看"专项清查工作，并进行了产权归属明确工作。截至 2022 年 9 月，H 县扶贫项目资产共计 4883 个，资产价值 217180.9561 万元，其中经营性资产 846 个，资产价值 43108.6391 万元；公益性资产 3065 个，资产价值 90231.3315 万元；到户类资产 972 个，资产价值 83840.9855 万元。

衔接过渡期关于明确扶贫项目资产管理确权登记的通知
（节选）

为进一步强化责任落实，规范扶贫项目资产管理，确保扶贫项目资产完整、安全，切实防范扶贫项目资产闲置、流失等现象，维护扶贫项目资产所有者、经营者和收益者合法权益。经扶贫项目资产管理工作领导小组研究，决定将扶贫项目资产权属予以明确。产权归属到县级的扶贫项目资产 187 个、资金 8086.586 万元，产权归属到乡镇的扶贫项目资产 35 个、资金 5876.0213 万元，产权归属到村集体的扶贫项目资产 3689 个、资金 119377.3633 万元，产权归属到农户个人的扶贫项目资产 972 个、资金 83840.9855 万元。

第四节　H 县项目化运作中各层级行政的运作逻辑及关系

一　县级行政的运作逻辑

（一）县级行政的项目职责

县一级行政是项目制运作的核心，项目制对于县域行政的影响主要是通过对县一级行政产生影响进而对于乡镇一级行政、村一级"行政"造成影响。从以上对项目运作整个流程的分析可以看到，县级重点项目都是由县级各部门负责；与村相关的精准扶贫项目、乡村振兴项目也由县一级主导。在此，将项目有关的权力与所对应的县级部门总结如表 3-5。

表 3-5　项目有关的权力与所对应的县级部门一览

序号	项目权力名称	对应部门名称
1	项目申报权	各职能局
2	项目分配权	县级领导、"四大办"、各职能局
3	项目审批权	县级领导、各职能局
4	项目监管权	县监察委员会、县审计局、县财政局
5	项目验收权	各职能局
6	项目资金权	县财政局
7	项目管理权	各职能局

从表 3-5 中可见，大部分项目的核心权力掌握在县一级行政部门手中，即使下放至乡镇一级与村一级的项目，其项目所有权、管理权、验收权等也与县一级行政紧密相关。

（二）县级行政运行

1.县"四大办"

项目制下县"四大办"是项目运作的核心，县"四大办"统筹协调整个项目运作。县"四大办"包括县委办、县政府办、县人大办、县政协办，负责整个县域项目运行的宏观协调与指挥。县委在人员调动、指挥、协调、考核方面颇具影响力；县政府负责项目的具体执行与协调；县人大对项目进行监督与建议；县政协则发挥建议的职能。县"四大办"是在自身法定的职责范围内行使权力，互相配合、共同领导着整个县域的项目运行。县"四大办"是项目运行的重要领导机构。

具体来看，县委、县政府颁布《关于加强重点项目建设的意见》，该文件是对整个县域项目具有重要指导意义的文件，该文件下达了年度项目的实施计划与责任落实要求，并在此基础上出台项目年终绩效考核规定。以 H 县 2016 年《关于加强重点项目建设的意见》为例，该文件对 H 县 2016 年度项目的实施提出了详细的要求，并依据年度项目实施情况制订了项目考核计划，同时附了详细的 H 县 2016 年重点建设项目分季度实施计划表。

中共 H 县委、H 县人民政府关于加强重点项目建设的意见

为进一步加强我县重点项目建设，实现"十三五"良好开局，就 2016 年重点项目建设提出如下意见。

一、主要目标

2016 年，全县全社会固定资产投资同比增长 20% 以上。实施县重点项目 85 个，年计划投资 34.76 亿元，其中投产项目 16

个，年计划投资 5.1 亿元；续建项目 28 个，年计划投资 15.18
亿元；新开项目 27 个，年计划投资 14.48 亿元；14 个前期项
目 30% 以上具备开工条件。项目投产率和开工率均达 100%。
全县重点项目储备总投资额动态保持在 110 亿元以上，年度储
备重点项目落地率为 30% 以上。

二、工作重点
（一）做实项目前期工作
（二）加大招商工作力度
（三）破解要素瓶颈制约
（四）加强项目监督管理

三、保障措施
（一）完善目标管理机制
（二）切实优化建设环境
（三）加大督查考核力度
（四）强化考核结果运用

附件：H 县 2016 年重点建设项目分季度实施计划表
（此件发至副科级以上单位）

中共 H 县委办公室
2016 年 1 月 19 日印发

在县委的领导下，县政府依据文件的精神，要求以政府行政性
指令的方式将项目任务下达至县各职能部门与乡镇、村，由各职能
局具体负责项目的实施工作。县一级行政运作中，县委对项目建设
进行的是宏观上的指导与协调，政府负责整个项目建设的具体事务，
政府在项目建设中具有与职能相对应的自主权。

项目制下项目建设也是政府每年的重要工作，笔者通过对县
政府最高级别的"县政府常务会议"2017 年全年会议的考察发现：

2017 年全年，县政府召开的 7 次政府常务会议提及了项目建设有关的内容，并且年初与年末的两次政府常务会议更对项目的建设做了重点强调。表 3-6 对 2017 年 H 县涉及项目的县政府常务会议情况进行了统计。

表 3-6 2017 年 H 县涉及项目的县政府常务会议情况统计

序号	召开时间	提及有关项目的内容
1	1 月 11 日	专题研究重点项目建设、具体明确县域项目建设组织领导、建设力度、考核力度的内容。讨论 2017 年县级领导挂点联系重点建设项目一览表、2017 年市重点项目目标管理分季度实施计划表、2017 年市重点项目申报汇总表，修改后报县委常委会议研究
2	2 月 21 日	同意县扶贫开发办提出的《2017 年度县重点产业项目申报方案》
3	3 月 27 日	研究 PPP 项目、同意增加相应的 PPP 项目及实施中的 PPP 项目实施方案的变更
4	6 月 13 日	研究吉河水库项目建设及相应的整改方案
5	8 月 21 日	研究县铜湾广场招商引资项目
6	10 月 16 日	同意调整农业科技园区、农产品加工物流园区土地整理项目一期工程及 B 区挡土墙工程投资概算 同意调整县妇幼保健院迁建项目投资概算
7	12 月 8 日	研究吉河水库建设、重点项目建设、PPP 项目建设等事项

从表 3-6 中可以看出，H 县政府全年的工作重点中项目建设占据较大比重。在年初即确定了重点建设项目的领导挂点及项目季度实施计划；在每月中分别针对重点项目的增加、项目的整改进行项目建设的变更；在年末对项目的建设也进行了总结，突出了以项目建设为重点的县域治理模式。

而县人大与县政协对项目的领导与管理除了法定权限所赋予的权力外，笔者在 H 县调研中发现，县政协与县人大还有县委的主要领导都通过挂点联系重点项目的形式来直接对项目的建设进行领导，实现了对项目建设的直接管理。

2.县各职能局

从县各职能局的项目运作来看，县各职能局是项目建设的最主要实施主体。H县共有37个职能局，不同职能局依据法定职能以及所对应上级职能局的目标管理与考核进行项目的建设工作。图3-4罗列了H县与项目建设有关的各职能局职责对应情况。

从图3-4中可见，H县的项目建设需要项目决策部门、项目支持部门、项目服务部门、项目建设部门、项目监督部门各大职能部门的协调、分工与合作。项目建设是一项庞大而系统的工程，各职能局之间的配合显得尤为重要，并且县"四大办"对于各职能局的宏观指导与协调、考核对项目的建设也非常关键。

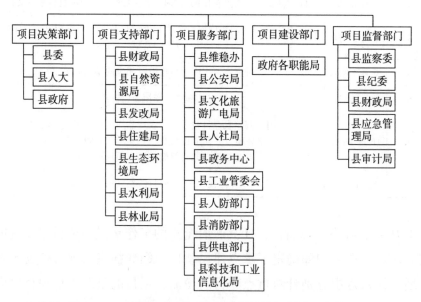

图3-4　H县与项目建设有关的各职能局职责对应情况

二　乡镇行政的运作逻辑

乡镇行政在项目制中的运行可以从两个方面进行考察：一是乡镇行政对项目拥有的职责与权力；二是乡镇行政在行使相应职责与权力过程中的机构分工、人员安排以及与下辖村之间的互动关系。

（一）乡镇行政的项目职责

从现实中来看，乡镇行政的项目职责主要体现为：在遵循属地管理原则下对项目所拥有的协调与配合权。按照属地管理的原则，乡镇对所辖范围内的事务须全面负责。因此，县级重点项目都与所在乡镇挂钩，乡镇对辖区内的项目负有配合与矛盾协调的义务。以花镇为例，花镇是 H 县城关镇，是 H 县政治、经济、文化中心。全镇总面积 204.57 平方公里，辖 61 个行政村、9 个社区，户籍人口 115159 人，流动人口 31056 人。花镇为 H 县面积最广，人口最多的乡镇，并且全县大部分的重点项目落地在花镇，在所列举的五个典型项目案例中，就有三个在花镇辖区内，分别为商贸物流园项目、猕猴桃产业项目、吉河水库项目。

《花镇 2017 年度目标管理任务半年情况汇报》及对花镇党委书记的访谈，可以展现乡镇行政在项目中的职责与管理情况。

《花镇 2017 年度目标管理任务半年情况汇报》：2017 年上半年，重点项目建设总体态势良好，干部上下谋项目、抓项目的热情高涨，我镇始终把项目协调服务工作作为重中之重，加强项目协调服务工作领导，统一思想，提高认识，牢固树立创新、协调、绿色、开放、共享的发展理念，积极提高服务质量，协调解决项目引进、落户、建设过程中出现的各类问题，为项目建设提供全方位、全过程的服务。积极配合、指导和协调花镇中学新校址建设、燃气站、吉河水库、物流园、工业园、农业园、养老服务中心、竹滩小城镇、两溪治理、公墓山、国道改线、花里龙公路提质改造、白河景区、民用机场等项目工作。对建设过程中的矛盾纠纷化解任务量化分解，做到目标明确、任务具体、责任到人，科学制定规划，加大督查力度，严格考核评比。

项目建设方面我们基本上插不上手，只是在项目建设过程中进行协助。再者（我们）也没有执法权，遇到各类项目问题只有配合的义务。对于项目的建设进度、建设内容我们了解也不够。县里召开项目协调工作会议有涉及我们镇的，打电话通知会议后，派人参会。按县里布置的任务全力配合项目的建设工作。乡镇的工作太多了，虽然有分工，但任务一来随时都需要人去完成。因此，项目工作也和其他工作一样，在主要负责人的带领下随时抽调人员去执行工作任务。如今年年初对于项目征地拆迁中的钉子户，县里在召开拆迁工作会后。由于该项目落地在我们镇，镇里即组织了各办公室的人员共同配合拆迁。不仅如此，拆迁结束后还有可能遇到拆迁户的上访、闹事、阻工。随后的接访、拆迁户安抚等工作都离不开我们。项目的协调配合工作可谓是长期性、全方位的。

访谈对象：花镇党委书记张某

访谈日期：2017 年 3 月 5 日

从《花镇 2017 年度目标管理任务半年情况汇报》与对花镇党委书记的访谈中可以看出，乡镇多数情况下不具备项目的管理权与资金的使用权，更多为项目的服务协调机构，负责为县级重点项目做好征地拆迁、矛盾纠纷化解等工作。这种纠纷与矛盾的化解不是一时就能解决的，而是带有长期性与复杂性，需要乡镇进行长期的、全方位的配合与处理。

（二）乡镇行政运行

项目制下乡镇内部各站所与科室间的分工与协作、乡镇对所辖村的管理是乡镇行政运行的主要体现。从乡镇内部各站所与科室间的分工与协作来看，图 3-5 展现了花镇行政机构内部的机构设置。

从图 3-5 中可见，在花镇中，行政机构的部门设置都有明确的规定，机构设置也非常全面。其中主要由城镇建设办公室与精准扶贫办公室两个办公室具体负责项目相关工作。城镇建设办公室具体负责：整合镇村规划、建设；配合县规划部门开展乡镇范围内建设项目规划管理工作；协助拆迁办完成全镇范围内重大项目或重大工作的征拆工作。精准扶贫办公室负责新阶段扶贫开发项目管理、指导和监督工作。

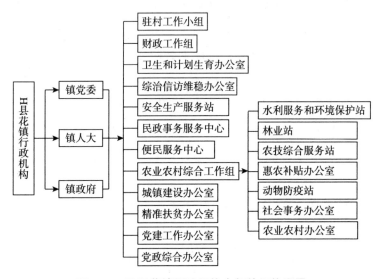

图 3-5 H 县花镇行政机构内部的机构设置

在脱贫攻坚时期，随着精准扶贫力度的加大与扶贫项目的增加，为精准扶贫工作而专门设立的精准扶贫办公室在项目建设方面也发挥了重要作用。县直部门在一些小型项目上将审批权下放至乡镇，乡镇一级可以自行实施与管理该类项目。由于项目携带着大量的项目资金，乡镇向上要项目的现象也较为普遍，特别是对于大部分农业乡镇而言，通过获取项目可以给乡镇发展带来机遇。但即便如此，乡镇行政的项目职责也还更多是协调与服务。

不仅如此，由于乡镇大量其他事务工作的存在，与项目建设相关的工作占据乡镇多项工作中的较小部分。乡镇作为目前中央、省级、市级、县级、乡镇五级政权中的最后一个层级，在自上而下各层级任务层层落到乡镇的情况下，乡镇中安全生产、信访维稳、人社工作、民政和社会救助、网格化管理、禁毒工作等大大小小的事务工作已有 10 余项，项目管理与其他工作相比则相对弱化。虽然乡镇为各项工作制订了较为详细的分工方案，但笔者在调研中发现，乡镇各科室工作人员除了完成职责分工中的任务外，还需要兼顾乡镇其他各项工作。在花镇的调研中，笔者就遇上了五年一次的村党支部以及村委会的换届选举工作。村党支部换届工作为 2~4 月，村委会换届工作为 4~6 月，时间安排都非常紧。再加上各级正重点抓精准扶贫工作，乡镇各工作人员多数情况下需加班加点完成精准扶贫方面的工作。在对花镇党支部书记以及主管村党支部换届工作负责人的访谈中笔者了解到乡镇除了日常的基本工作外，工作人员对其他工作基本上处于随时待命状态，上级主要抓哪项工作乡镇就扑向哪项工作。

现在各项工作一来我们就需要把日常的工作与新下来的任务进行轻重缓急排序，在保证乡镇日常工作运转的前提下，来一波工作我们就扑向一波工作。现实中，乡镇的各项工作是按轻重缓急原则来开展的。比如这个村党支部换届的工作，时间紧，压力非常大，稍有差池就会造成非常大的社会影响。而且我们整个党建办公室加上我也就 4 个人，而整个花镇有 61 个村、9 个社区，并且每个村和社区的村情、村况各不相同、复杂度也高。再加上今年上级规定的村党支部换届流程及要求与上次换届有较大不同，要求突出群众在换届中的民主投票，从而增加了投票选举中的流程。这样算来我们每个人的任务量都非常大，根本忙不过来。因此，必须出动全镇干部的力量以共同完成。我们全镇领导班子都是通宵布置任务、整理资料，节假日都不休息。自从这项任务布置下来到现在，我已经很久没有周末，这次清明节也没有休息。几乎全镇工作人员的工作都以此为重。

访谈对象：H 县花镇党建工作办公室负责人邓某

访谈日期：2017 年 4 月 15 日

在换届选举工作中，花镇党建工作办公室负责此次村党支部换届的工作，笔者在该办公室协助工作的几天中，发现办公室人员几乎全部出动，深入各村各户落实村党支部的换届工作。村党支部换届工作材料刚整理完毕，村委会的换届工作就紧随其后，工作人员又需要投入村委会的换届工作中。由此可见，项目工作在乡镇处于较弱的地位，项目制下乡镇更多是项目的过渡性行政。

三　行政村的运作逻辑

（一）行政村的项目职责

项目制下行政村的项目职责主要体现在项目的协调与配合以及一定的项目建设权上。项目的协调与配合是指对项目矛盾纠纷的协调与配合方面的权力，主要体现在其在拆迁工作中发挥的作用。项目的建设权主要是指对于落实至村一级的精准扶贫类项目，该村庄的村"两委"具有一定的对该项目的建设权力。由此，具体来考察该类项目的项目申报、项目实施与监督、项目运营在村庄中的运行情况。

1.项目申报

精准扶贫类项目在村庄的申报主要由扶贫工作队、驻村干部与村"两委"来定夺。具体的情况是扶贫工作队、驻村干部与村"两委"、村民代表等事先进行项目调查以确定所要实施的项目意向，再由村"两委"向村民说明项目情况，项目的申报多数情况下是扶贫工作队来具体操作，村"两委"直接申报的项目数量较少。

2.项目实施与监督

项目争取到村后，村"两委"、驻村干部、扶贫工作队共同负责对项目实施的监督与管理工作。大部分情况下，项目实施是以项目工程承包的方式来进行。村"两委"、驻村干部、扶贫工作队只负责项目的监督与协调工作，同时村民也会参与到对项目实施的监督工作中来。调研中笔者发现，县纪委查处的大量项目偷工减料行为大部分是村民举报的。

3. 项目运营

村一级的项目建成后，项目产权归村集体所有，村"两委"是项目的主要管理方，全权负责项目的后期运营管理工作。在精准扶贫政策规定中，扶贫项目一项重要的脱贫指标是实现村集体经济的增长，而产业扶贫项目是当前村一级实现集体经济增长的重要途径。也因此，在项目前期的建设完成后，村"两委"成为产业扶贫项目的主要运营管理方。

（二）村级"行政"运行

村"两委"是村级"行政"的主体，对于项目制下村级"行政"运作的考察主要是对村"两委"的构成及对其项目运作情况的考察。

1. 村"两委"成员

从村"两委"班子成员来看，一般情况下，《中国共产党章程》，1999年2月颁布实施的《中国共产党农村基层组织工作条例》，2018年12月最新修订的《中华人民共和国村民委员会组织法》《中华人民共和国城市居民委员会组织法》对村党支部委员会与村民委员会的人员构成及其相应职责进行了明确的规定。笔者结合现实调研将H县R村村党支部委员会、村民委员会的人员构成情况统计如表3-7所示。

表3-7 H县R村村党支部委员会、村民委员会的人员构成情况

序号	村党支部委员会人员构成	村民委员会人员构成
1	党支部书记	村主任
2	党支部副书记	村副主任

序号	村党支部委员会人员构成	村民委员会人员构成
3	组织委员	村会计
4	宣传委员	妇女主任
5	—	计生专干
6	—	综治专干
7	—	建治专干
8	—	民政专干
9	—	教育专干
10	—	文化专干
11	—	纪检监察专干
12	—	民兵营长
13	—	精准扶贫专干

注：H 县结合《中国共产党章程》，《中国共产党农村基层组织工作条例》，《中华人民共和国村民委员会组织法》，《中国共产党基层组织选举工作条例》，中央及省、市的《村民委员会选举办法》和全县实际，统一明确了村（社区）党组织、村（居）民委员会的委员职数。

村（社区）党组织委员职数为：村（社区）党支部党员人数为 7 名以下的，不设支部委员会，只设支部书记 1 名；村（社区）党支部党员人数为 7~20 名的，支部委员会委员职数为 3 名；村（社区）党支部党员人数为 21 名及以上的，支部委员会委员职数为 5 名；村（社区）党总支或党委一般设委员 5 名。

村（居）民委员会成员职数为：村民委员会由主任、副主任和委员 3~7 人组成；居民委员会由主任、副主任和委员 5~9 人组成。村（居）民委员会具体人数要按照市级文件要求，结合村（社区）人口数来设置：人口 1000 人以下的村民委员会一般设委员 3 名，人口 1000~3000 人的村民委员会一般设委员 5 名，人口 3000 人以上的村民委员会一般设委员 7 名；人口 5000 人以下的社区居民委员会一般设委员 5 名，人口 5000~10000 人的社区居民委员会一般设委员 7 名，人口 10000 人以上的社区居民委员会一般设委员 9 名。对一些选情复杂的村（居），特别是合并村、"村改居"、"撤村并居"制订针对性方案，根据实际需要，按照村委 4~6 人、居委 5~9 人的要求，合理配置村干职数，并制订相应工作预案。

从表 3-7 中可见，H 县 R 村村党支部委员会成员较少，但对村的规划及发展进行宏观方面的指导；村民委员会则负责与村民日常生活相关的各项工作。村党支部委员会与村民委员会成员是村各项工作的主要执行人员，虽然相关法律法规对村"两委"的人员构成与职能分工进行了明确，但现实情况是村"两委"班子共同处理村中事务，共同完成上级分配的任务。政府积极推进村（社区）"两委"班子成员交叉任职，鼓励村（社区）党支部书记和村（居）民委员会主任由一人担任，实行"一肩挑"。

2. 村"两委"与项目

村"两委"在项目争取上的主要表现为：一是村"两委"自主进行的项目争取工作；二是村"两委"通过驻村帮扶工作队与驻村干部来进行项目争取。其中通过驻村帮扶工作队与驻村干部争取下来的项目数量最多。

（1）驻村帮扶工作队的项目争取

驻村帮扶工作队（俗称扶贫工作队）的项目争取方式主要表现如下。扶贫工作队承担了项目的谋划、争取、监督等有关的主要工作。而村"两委"只是配合扶贫工作队开展工作。按上级文件[①]要求，需要实现贫困村对口扶贫工作的全覆盖，在"省市带头、县乡为主"的方针指导下，H县自2015年起至笔者调研的2017年8月贫困村全部安排了驻村帮扶工作队，具体为全县每一乡镇分别由1名以上县级领导挂点，贫困村安排帮扶单位，贫困户由干部职工结对帮扶。

在贫困村中，扶贫工作队基本上负责了全村的扶贫工作，其中最重要的一项即为项目建设与申报工作。也由此，贫困村的项目酝酿、论证、申请、施工等大多数由扶贫工作队负责。在调研的大量贫困村中，大多是村"两委"协助扶贫工作队开展项目申报工作。驻村帮扶文件对驻村帮扶进行了规定：

---

① 参照的中央文件为：《中共中央办公厅 国务院办公厅印发〈关于创新机制扎实推进农村扶贫开发工作的意见〉》（中办发〔2013〕25号）和《中共中央办公厅 国务院办公厅印发〈关于完善党员干部直接联系群众制度的意见〉》（中办发〔2014〕18号）。

实行单位包村、干部帮户，财政专项扶贫资金 60% 以上要用于驻村帮扶。同时，按照"渠道不乱、用途不变、各负其责、各记其功、形成合力"的原则，加强行业部门资金（尤其是涉农项目资金）的整合利用，加大向贫困村的倾斜力度。各驻村帮扶工作队派出单位要积极筹措资金，各单位节约的"三公"经费也可用于驻村帮扶。①

基于这样的规定与要求，扶贫工作队在项目争取上能够利用部门资源，通过部门本身或者与其他部门的联系来争取更多项目。在调研中笔者也发现，各驻村扶贫工作队都积极与村"两委"、村民谋划和争取项目。特别是专业发展类、基础设施类项目，如小米椒种植项目、黄牛养殖项目、路灯项目等。

（2）驻村干部的项目争取

依据乡镇的管理原则，乡镇为了加强对村的管理与服务，对辖区内的村都配备了驻村干部。非贫困村不配备驻村帮扶工作队，但驻村干部很多时候充当了村与政府部门的桥梁，加强了乡镇对村管理与服务的同时，也为村争取项目提供了渠道。笔者在与某非贫困村村党支部书记的访谈中得知，由于该村在财富能力上较弱，近几年村的项目少。因此，驻村工作开展以来该村的驻村干部成为其项目争取的重要人物。

我们村是非贫困村，前几年我们村的各项目发展都是走在隔壁村的前面的。但是近几年我们村由于项目争取不够，其他村道路都硬化了，而我们村还有好几段路没有硬化。我也很多次去争取项目，能够争取到一些，但都非常有限。现在好了，我们村的驻村干部为我们向县级部门沟通提供了很多便利。驻

---

① 依据《H 县精准扶贫驻村帮扶工作实施方案》整理。

村干部也积极和我们谋划项目、积极争取项目。

访谈对象：某非贫困村党支部书记石某

访谈日期：2017 年 8 月 20 日

（3）村"两委"的项目争取

村"两委"依据县域各职能局发布的项目信息，结合本村实际，积极向县一级争取项目。县一级会依据各村申报项目的可行性、迫切性等因素进行实际考察，再集合县域资金进行项目的下拨。

以上三种项目争取渠道，为项目在县域的落地提供了重要的平台，也充分调动了各主体的积极性。对于村"两委"而言，争取更多项目可以实现村庄更好的发展；对于驻村单位及驻村干部而言，争取更多的项目是凸显扶贫成果的一种方式，对于对口扶贫单位主要领导而言，派出的扶贫工作队如果能够更出色地完成扶贫工作，有利于脱贫攻坚任务的完成和单位的社会认可度的提升。也因此，各村都会充分利用自身所拥有的资源与能力尽可能多争取项目。

（4）村"两委"与项目实施

项目的实施离不开村"两委"与村民的沟通与协调，因为村"两委"对于村庄宗族、社会关系状况最为熟悉，能够化解项目实施过程中遇到的各种矛盾与问题。因此，各项目需要在村"两委"的帮助下才能落地。同时，在项目制下，项目的实施使县各职能局与村"两委"互动更紧密，从现实来看也加大了行政力量对行政村的干预。以 H 县 X 村为例，笔者对 X 村的在建项目与所对应职能局进行了统计，如表 3–8 所示。

表 3–8 H 县 X 村在建项目与对应职能局一览

序号	在建项目名称	对应职能局
1	乡村观光旅游项目	县文化旅游广电局、县住建局、县扶贫开发办

序号	在建项目名称	对应职能局
2	辣椒种植项目	县扶贫开发办、县农业农村局
3	土鸡养殖项目	县扶贫开发办、县农业农村局
4	村内道路硬化、亮化项目	县财政局
5	村机耕道项目	县农业农村局

从表 3-8 中可见，X 村所建的每个项目都有与其相对应的县职能局，同一个项目甚至有多个职能局与其相对应。

四 县乡村关系

（一）县与乡镇

项目制下县域行政与乡镇行政的互动主要体现在县一级项目权向乡镇的下放、县级行政对乡镇的目标管理、乡镇行政向县一级的争资跑项上。

1. 县一级项目权向乡镇的下放

在项目权的下放上，具体来看，县级行政主要下放了精准扶贫、乡村振兴类的小型项目。如县财政局主管的"一事一议"①项目，该类项目资金一般在 10 万元左右，各个村都可以进行项目的申报。而且县财政局只有一个科室负责，该科室只有 2 人。而这 2 人需要跟进全县 205 个村的项目，导致了项目跟进难以满足现实需求的情况。因此，县一级行政下放了相应的小项目到乡镇。在此情况下，更加激发了乡镇向县一级争资跑项的动力。

---

① 参见《国务院办公厅关于转发农业部村民一事一议筹资筹劳管理办法的通知》（国办发〔2007〕4 号）中规定：本办法所称筹资筹劳，是指为兴办村民直接受益的集体生产生活等公益事业，按照本办法规定经民主程序确定的村民出资出劳的行为。筹资筹劳的适用范围：村内农田水利基本建设、道路修建、植树造林、农业综合开发有关的土地治理项目和村民认为需要兴办的集体生产生活等其他公益事业项目。

2. 县级行政对乡镇的目标管理

在县级行政对乡镇的考核上，项目考核属于 H 县 19 项考核指标任务中的"发改工作"部分。表 3-9 罗列了 H 县人民政府对乡镇人民政府的目标管理量化考核指标。

表 3-9　H 县人民政府对乡镇人民政府的目标管理量化考核指标

序号	考核指标	分值（分/项）
1	安全生产、信访维稳、卫计工作、人社工作	20
2	发改工作、政务公开和建议提案办理等工作	15
3	民政和社会救助、网格化管理、国土资源管理、民主法治、民族和文化旅游、教育体育工作、食品安全、财政预算管理、日常工作	10
4	禁毒工作、保护发展森林资源、应急管理、落实减负惠民政策	5
总计	19 项考核指标	220

从表 3-9 中可见，项目并不是考核中分值占比最大的。乡镇的各项工作多，项目仅是其中一项。其中，乡镇项目工作由县发改局进行考核，考核主要内容为：

> 履行重点项目环境协调服务与属地管理职责，及时协调解决涉及重点项目建设的施工环境问题，积极优化项目施工环境，确保不出现阻工和聚众闹事等现象，着力推动重点项目施工进度，确保项目按时保质完成任务。

3. 乡镇行政向县一级的争资跑项

在乡镇行政向县一级的争资跑项上，农业乡镇是向县一级争取项目的主要乡镇，所争取的项目来源以县扶贫开发办、县农业农村局等涉农部门为主。

（二）乡镇与村

项目制下乡镇与村之间的行政运作因为项目的建设而加强了联

系，项目是乡镇行政与行政村之间的重要纽带。笔者在调研中发现：驻村干部是村项目申报的重要联络人；村项目实施中的各项目手续增加了乡镇与村之间的联系；县下放至乡镇的项目审批权有利于乡镇对村进行统筹。

（三）县与村

以精准扶贫和乡村振兴为政策背景的"项目下乡"成为县与村项目制运作中的典型。"项目下乡"背景下，县带来了人、财、物的下乡，增加了县级行政与行政村的整体互动。

其一，扶贫工作队是县行政及上级行政的重要代表。

从扶贫工作队成员构成及分工来看，工作队队长由牵头单位的 1 名班子成员担任，工作队由 3~4 名人员组成，包括：帮扶单位派出的第一书记和 2~3 名普通干部。在脱贫攻坚时期，干部驻村帮扶工作以 3 年为一个周期，驻村期间原单位一般不再安排工作、每个扶贫工作队队员每月驻村不少于 20 天、每月享有 1500元的补贴。当前，乡村振兴战略下驻村第一书记和驻村干部以 2年为一周期，每月驻村不少于 20 天、宿村不少于 15 晚、每月生活补贴不超过 2000 元。

以市委组织部、团市委对口扶贫的 X 村为例，该村扶贫工作队共由 3 名成员组成。由市委组织部、团市委办公室副主任担任队长及第一书记，其他 2 名队员为市委组织部、团市委普通干部，再加上 X村所在乡镇驻 X 村的干部，一同构成了 X 村扶贫工作队。在走访调研的全县各大贫困村中，扶贫工作队的成员构成基本相同。

其二，从村获得的项目来看，县级行政各部门通过各项目资金使用平台将项目下放到村，村即与各类县级行政单位建立了紧密的联系。因为政府各职能局负责相应职能范围内资金的管理与使用工作，由此，县域形成了各职能局各自管理职能范围内项目的情况，即相应的项目是与相应的职能局一一对应的，各村要争取项目、实施项目，必须与各职能局频繁地"往来"。表 3-10 将项目资金使用平台与对应项目进行了罗列，集中展现了 H 县自涉农资金整合以来的资金使用平台及所对应牵头单位。

表 3-10　H 县自涉农资金整合以来的资金使用平台及所对应牵头单位

资金使用平台及子项目		牵头单位
（一）发展生产和就业扶持平台	1.全面发展建档立卡贫困户到户产业项目	12 个乡镇
	2.村集体经济发展项目	县农业农村局
	3.重点产业项目（特色种植、特色农林、特色产业加工、特色畜牧等）	县农业农村局
	4.产业道路建设	县农业农村局、县以工代赈办
	5.就业创业扶持项目（转移就业扶持、农村创业就业、农村实用技术培训）	县财政局、县扶贫办
	6.金融扶贫发展项目（扶贫项目贴息、涉农保险、风险抵押金、担保金）	县财政局、县扶贫办
	7.机耕道建设项目	县农业农村局
（二）基础设施建设平台	1.农村村组道路建设项目	县交通运输局
	2.村内道路硬化、亮化项目及水井维修	县财政局
	3.水利人饮工程建设项目	县水利局
	4.生态旅游脱贫项目（旅游景区开发建设、生态扶贫公益岗位、农村生态环境整治）	县文化旅游广电局、县林业局、县生态环境局
	5.农村危房改造	县住建局
	6.农村电力电网建设改造项目	电力公司
	7.农村通信网络建设项目	县文化旅游广电局
（三）公共服务及民生事业发展平台	1.群众服务中心及群众文体活动阵地建设	县文化旅游广电局
	2.扶贫搬迁项目	县搬迁办
	3.教育设施建设项目	县教育和体育局
	4.生态环境和美丽乡村建设项目	县文化旅游广电局、县美丽办
	5.清洁能源入户项目	县生态环境局

续表

资金使用平台及子项目	牵头单位
（四）社会保障兜底平台	县民政局
（五）医疗救助扶持平台	县卫生健康局
（六）教育助学扶持平台	县教育和体育局
（七）信息化扶贫平台（直播卫星户户通等）	县科技和工业信息化局、县文化旅游广电局
（八）扶贫项目政府购买服务平台	县财政局

注：各平台子项目仅是对 H 县 2016 年下半年涉农资金整合以来所建项目的统计，H 县自扶贫以来建设的扶贫项目并不仅限于表中所列。

综合以上的分析，可以得出项目制下的县域行政运行主要呈现以县一级行政为核心与主导者，以乡镇一级、村一级为项目协调者、申报者与服务者的县、乡镇、村关系特征。

第四章 项目制下县域行政运行的特点、
限度及原因

第三章通过对 H 县项目运作各流程、项目运作背后县域行政运行的考察,呈现了项目制下县域行政运行的现实状态。本章结合第三章现实考察的结果,进一步总结了项目制下的县域行政运行的特点及积极效应,进而分析了当前项目制下县域行政运行所存在的限度及其产生的原因。

第一节 项目制下县域行政运行的特点

一 县域行政运行逻辑:项目逻辑

项目逻辑是指以项目为中心、将项目作为行动取向,项目运作影响行为者各项行为与理念的一种逻辑方式。项目逻辑的核心内容是项目运作各流程及项目运行规则。因而项目逻辑主要是通过项目运作各流程及项目运行规则对县域行政产生影响。通过对 H 县的实证考察发现,县域行政运行的项目逻辑表现在以下四个方面。

(一)发展理念的项目逻辑

"项目治县"是县域发展的总理念,"项目治县"即项目逻辑的体现。因此,在"项目治县"理念的指导下,整个县域规划与县域发展总目标是围绕项目展开的,项目逻辑从县域当下及长远发展的高度影响着整个县域行政的运行。县一级行政各机构与部门、乡镇一级行政、村一级"行政"以项目为行动指南，围绕项目开展活动。项目运作各流程中的项目酝酿、项目申报、项目实施、项目运营等成为县域行政运行的整体逻辑，县域行政的运作围绕项目逻辑而展开的。在一定程度上，原本的县域行政运行方式也根据项目逻辑做了调整，以实现项目的成功申报与实施。如前文所提到的《H县国民经济发展第十三个五年（2016—2021）规划纲要》《H县"十三五"（2016—2021）脱贫攻坚规划》等都是项目逻辑在县域发展理念中的具体体现。

（二）县、乡、村的项目逻辑

通过对县域的考察发现，县、乡、村三级行政以项目为行动指南，项目逻辑贯穿于三级行政运行之中。县一级"四大办"、各职能部门每年重要的工作就是完成项目的申报、实施、验收等，县一级行政的各大主体的行动导向基本上是围绕项目运作的各流程展开。乡镇一级虽然主要工作是配合项目的征地拆迁工作，但也是希望通过项目来实现乡镇的发展。同时，乡镇一级行政还希望通过项目来实现对整个辖区的统筹与管理。特别是当前乡镇大多无实际项目审批权、乡镇对村一级动员能力下降的情况下，乡镇通过获得项目可以大大增加对村一级的统筹能力。与县一级、乡镇一级相比，村一级则是项目的直接受益者，在扶贫项目和乡村振兴项目的大力推进下，村一级向县一级的争资跑项并不鲜见。

（三）干部的项目逻辑

项目制下干部以项目为执政重点，一方面由于项目是机构与部门绩效的重要体现，另一方面项目是影响干部晋升的重要指标。因此，为了部门绩效与干部个人的晋升，县域内各级领导普遍将项目发展作为其执政行为与执政理念的取向。在机构与部门绩效上，从县级领导来看，县级主要领导将项目作为县域发展的重点，因而从县最高层面决定了项目的领导逻辑。从部门领导来看，县各职能部门领导都把项目作为衡量部门业绩的重要指标。

再者，就领导个人发展与领导职能实现而言，从领导权威来看，项目是领导权威与领导能力的重要体现，领导希望尽可能多地抓住项目以实现自身的领导力。从与 H 县政府办副主任的访谈中可以看到，项目充分体现了该领导干部对整个分管领域的统领能力。同时，在以项目为主要资源供给模式的情况下，领导干部通过项目可以给县域、部门及个人带来发展和晋升机会。

> 挂职副县长在县域一级的领导力主要体现在能够给县里带来项目上。中央设挂职副县长的目的也是希望通过这些副县长的渠道来增加县与上级，如各部委及行业等各区域的联系。县里也非常希望能够通过这些领导干部来打通项目申报的环节，并获得更多的项目申报渠道。像我们县今年的扶贫光伏发电项目，在梁副县长的带领下，很快实现项目的落地。梁副县长是通过中央东西部对口协作扶贫政策来挂职的，本来中央也有光伏发电的项目，但是如果没有梁副县长，我们这个项目落地的资金和速度都会受到影响。梁副县长因为这个项目也得到了很大的认可，现在他具体负责这个项目的实施工作。

> 访谈对象：H 县政府办副主任麻某
> 访谈日期：2017 年 9 月 5 日

从领导方式来看，在考察中发现县域领导干部主要通过抓重点项目的形式来实现自身的领导职能。笔者在 H 县的调研中也发现，几乎县域各重点项目都有与之相对应的重点联系领导。也可以说领导按项目运作的逻辑开展着整个县域的治理。

（四）个人的项目逻辑

个人的晋升是与项目紧密联系的，县域也是将项目作为个人激励与晋升的重要方式。在此情况下，个人的行为方式以项目为主导，希望通过参与重点项目建设来体现个人能力。此处的个人是指体制内的、纳入财政工资预算的公权力系统人员，在县域公务员、事业单位系统中，有限的职位使晋升机会相对而言较少，要想实现个人的晋升是比较难的。笔者在调研中还发现，县域中较多乡镇公职人员希望通过项目这一渠道调入县城工作。因此，通过项目途径改变个人现状成为大多数公职人员的晋升路径。

综合来看，以上各种不同类型的项目逻辑并不是孤立运行的，而是多项逻辑相互交错、互相重叠、共同推进，项目逻辑影响着整个县域行政的运行。

二　县域行政运行模式：科层为体、项目为用

项目制下县域行政运行是项目运作与科层制运行的结合，具体表现为项目的运作是在科层制体系架构上的运作。项目运作各流程与科层制运行的互相嵌入，共同构成了当前项目制下"科层为体、项目为用"[①]的县域行政运行基本模式。

（一）科层制体系架构及管理模式

1.科层制体系架构

结合现实调研中县域各系统及权力部门的情况，本书将当前县域的科层制体系架构总结如图4-1所示。

从图4-1中可见，县域行政的科层制体系包括党群系统、行政系统、人大系统，党群系统内部包含县党委以及各职能局党委、乡镇党委以及村党支部委员会；行政系统主要包括县各职能局、各职能局下属事业单位，乡镇一级的"七站八所"以及行政村；人大系统是指县人大以及乡镇人大等人大机构。

---

① 史普原:《科层为体、项目为用：一个中央项目运作的组织探讨》,《社会》2015年第5期，第25~59页。

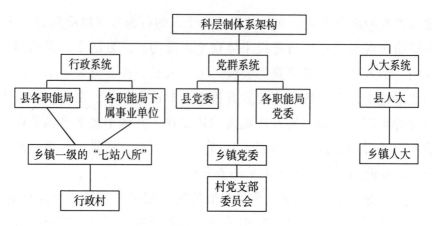

图 4-1　县域的科层制体系架构

2. 科层制运行模式

科层制体系架构是县域行政运行的基本载体，在科层架构之下科层制的运行模式是县域行政运行的基本模式。按照韦伯科层制的理论，强制力、严密的规章制度是科层制下县域行政运行的重要特征。因此在科层制之下，县域的治理方式表现为：一种是自上而下的层层任务下达与目标管理；另一种是自上而下的层层考核。而自下而上的互动则较少。党群系统、行政系统、人大系统基本上按照法律法规的规定行使自身职权，在上级部门管理目标与任务的要求下行使职权。政府严格的目标管理与考核机制是科层制运行的最基本模式。

（二）项目运作流程

项目运作的各流程都有严格的制度规定、申报模板、验收指标等。项目运作成为一种体现政府技术治理的典型。项目运作各流程总结如图 4-2 所示。

图 4-2 将项目运作各流程以及各流程中的环节进行了展现，也对 H 县项目运作的各环节进行了总结。图 4-2 在项目运作包含的环节中详细地展现了项目运作的模式，可以对项目如何运作进行更为直观的阐释。

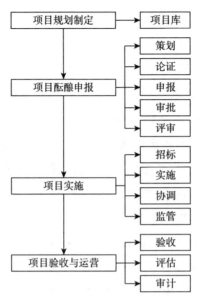

图 4-2　项目运作流程

（三）科层为体、项目为用

1. 科层制下的项目管理

科层制下的项目管理与考核是在科层制的架构载体下，项目作为科层运作的重点对象，科层制结合项目运作流程专门制定了项目管理与考核办法。该类项目管理与考核办法对于全县的项目运作有着重要的指导意义，也为项目制下县域行政的运作提供了较为全面的项目规范。根据《国家重点建设项目管理办法》、《N省重点建设项目管理办法》、《X市重点建设项目管理办法》、《H县政府投资项目管理办法》及有关法律法规规定，H县结合县域实际制定了《H县重点项目管理办法》。县重点项目建设领导小组（以下简称领导小组）负责全县重点项目建设的组织、协调、检查和考核。县重点项目建设领导小组办公室（办公室设在县发展和改革局，以下简称县重点办）是县重点项目建设领导小组常设机构。县重点办对项目的管理、监察等在《H县重点项目管理办法》中进行了详细规定。

H县重点项目管理办法（节选）

（一）贯彻执行有关重点建设项目的法律、法规、规章和政策，拟订全县重点建设项目管理有关规章制度，组织县重点建设项目调度和信息统计工作。

（二）建立县重点建设项目库，提出年度拟纳入省、州、县重点实施项目初选名单，编制重点建设项目目标管理方案和投资及建设计划，向上级重点办申报省、州重点建设项目。

（三）负责提出全县项目前期工作经费使用计划。县重点办根据各项目单位提出的项目前期工作经费申请，研究提出项目前期工作经费使用计划，报县人民政府分管领导审批。

（四）负责督查重点建设项目的施工进度、工程质量、安全生产和资金到位、使用情况，检查重点建设项目开工条件，负责重点项目建设业绩记录，协调各相关部门解决重点建设项目实施过程中出现的问题。

（五）负责受理重点建设项目法人落实优惠政策的申请，会同相关部门制订优惠政策实施方案，并督办落实相关优惠政策，指导、协助全县重点建设项目法人向上级重点办申请落实优惠政策。

（六）负责汇总分析重点建设项目运行态势，定期向县委、县人民政府、县重点项目建设领导小组和州重点办报告。

（七）负责督促相关职能部门和项目建设单位加强安全生产监管。

（八）负责县重点建设项目年度责任目标管理考核工作，提出表彰方案，总结交流县重点建设项目工作经验。

县发改局、县财政局、县监察局、县公安局、县审计局、县环保局（现县生态环境局）、县住房和城乡建设局、县国土资源局（现县自然资源局）、县交通运输局、县安监局（现县应急管理局）、县水利局、县林业局等部门，在各自法定职责范围内对重点建设项目实施监督管理和服务。

各乡镇人民政府应当支持重点项目建设，履行属地管理环境协调服务职能。

从《H县重点项目管理办法》的规定中可以看到，项目制下县域行政的运作是建立在科层制各职能局以及县、乡镇、村不同层级组织的职能权限基础上的。项目管理在明确各职能局职责分工的同时，结合重点项目建设所需的职能保障对部门间的合作与配合进行了规定。

2. 科层制下的项目考核

科层制下的项目考核表现为多重考核特征，一方面县域制定了全县管理的"五个文明"绩效考核①办法；另一方面又针对项目制定了专门的项目考核办法。

从县域考核来看，县域对考核单位实行1000分制的绩效考核管理，其中，平时考核占100分，指标考核占800分，社会满意度评估占100分。其中，平时考核包括：上级党委、政府交办工作的落实；工作过程管理；资料信息报送等项目。指标考核是根据绩效考核指标年度完成情况进行评分。绩效考核指标由县绩效考核办根据省、州、县总体工作部署，结合各被考核单位申报的年度指标，会同考评责任部门提出，经县绩效考核领导小组审核后，报县委常委会审定下发。社会满意度评估则按照"谁了解、谁评估"的原则，由县绩效考核办组织评估主体，对被考核单位工作情况、工作效果等内容进行评估，并根据权重计算分值。以H县烟业主要种植乡镇为例，其绩效考核指标如表4-1所示。

---

① H县"五个文明"绩效考核是按照中国特色社会主义事业"五位一体"总体布局，从经济建设、政治建设、文化建设、社会建设、生态文明建设等方面，对考核对象分级分类实行全员全过程绩效考核，是H县委、县政府最高层次的综合性考评办法。

表 4-1 H县某乡镇绩效考核指标

序号	目标任务	考核指标	分值（分）
1	烟叶种植	完成种烟2400亩，收烟5450担	20
2	"两型"矿山	完成13、7、8矿采区办公区硬化，13矿采区复绿200亩，7、8矿采区各复绿50亩的两型矿山建设	10
3	易地搬迁	易地搬迁任务实行倒排工期，按期完成年度任务	20
4	美丽乡村	完成2个美丽乡村示范村创建	10
5	治超工作	严格查处辖区内超限超载车辆，完成县定治超工作年度任务	10
6	项目建设	积极支持配合辖区内全县重点项目建设的征地拆迁工作	10
7	重点工作	完成县委、县政府统一安排部署的重大动物疫病防治、农产品质量安全监管等工作年度任务	20

从表 4-1 中可见，绩效考核基本上涉及了各单位所有的日常工作，科层制的绩效考核把部门及单位的运作用"项目评分"的形式有效地统筹起来，并且绩效考核中的"项目建设"部分也依据不同部门法定职责的不同进行了赋值，表 4-1 中乡镇在"项目建设"中的分值即占了 10 分。

从单独的项目考核来看，县域专门针对"重点项目"制定了专门的《重点建设项目目标管理考核办法》。

重点建设项目目标管理考核办法（节选）

一、考核对象

（一）年度重点建设项目责任单位；

（二）单个重点建设项目（含前期工作项目）；

（三）重点建设项目要素保障服务单位。

二、考核内容及量化指标

（一）重点建设项目责任单位主要考核"项目申报计划、项目进展情况、项目综合管理、项目环境建设、重点项目储备、项目信息报送"六个方面工作情况及有关加分事项。

（二）单个重点建设项目主要考核"项目进展情况、项目信息报送"两个方面目标任务完成情况及有关加分事项。

（三）单个重点前期工作项目主要考核"前期工作开展、信息报送"两个方面工作情况及有关加分事项。

（四）重点建设项目要素保障和服务单位主要考核"组织领导、协作配合、勤政廉政、优质服务、信息报送"五个方面工作情况。

三、考核办法

本项考核遵循公开、公平、公正的原则，采取季度考核与年终考评相结合的方式进行，实行百分制量化考核与加分奖励相结合的计分办法，全面、客观评价各项目责任单位重点项目建设综合管理和重点项目目标任务完成情况及各要素保障服务单位工作绩效。

（一）季度考核。

（二）年终考评。

（三）分类考核。对政府性投资项目和社会投资项目实行分类考核，侧重考核责任部门综合管理和服务情况。

（四）奖项设置。

从县《重点建设项目目标管理考核办法》中可见，除了全县综合统筹性的绩效考核外，县域专门针对"项目建设"的考核更为深入项目建设各领域内部，结合项目建设各流程、项目日常建设情况等进行了更为专门化的考核。这些考核方式及指标都对科层制下"项目建设"的有效推进起到了重要作用，也凸显了"项目建设"在县域各项建设中的重要程度。

3. 项目制下的科层流动

项目制下"科层为体，项目为用"的县域行政运作特征除了科层制下项目管理与考核外，还体现为项目制下的科层流动。具体来看，这主要是指由于项目运作在科层制中所占的重要地位，使得科层制原本强制性、规则性、行政性等的特征有所弱化，科层各层级之间的流动有所加强。

各层级之间的流动主要表现为项目成为政府人、财、物资源的主要流动载体，各层级打破原本行政命令型的指标和任务，围绕项目的争取来实现各主体的发展。如在对乡镇、村一级的项目运作分析中发现，乡镇和村一级可以在一定程度上突破县域规划及项目分配，通过自身的努力和争取获得更多的项目资源。不仅如此，乡镇和村一级还可以越过科层层级实现资金与人在科层外的流动。

三　县域行政运行动力：项目权力

通过对"项目治县"的整体考察发现，项目在县域行政运行中形成了"项目权力"，并成为县域行政运行的重要动力来源。项目权力是指以项目为中心、凌驾于科层制与各部门权力之上，整合包含其他权力但又相对独立的权力类型。

（一）项目权力的构成

项目权力包括：项目策划、项目比选、项目决定、项目实施、项目监管、项目评价（见图4-3）。项目权力的构成是与项目运作各流程相对应的，是在项目运作过程中产生的一种"非正式"的权力种类。与公权力系统各职能部门的正式权力相比，项目权力可以在各部门、乡镇、村之间配置，是一种动员力、强制力、流动性强的权力力量。也成为县域各主体争相获取的对象，调动着县域各方的力量。

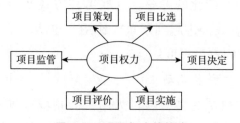

图4-3　项目权力的构成

　1. 项目策划

　　项目策划权是在项目初期的酝酿与策划，属于项目运作流程中的初始阶段。项目策划权力主要体现在"如何影响一个项目的生成、设计与规划上"。项目如何生成、如何设计、如何规划，在一定程度上体现了领导与部门的权力。如前文提到的吉河水库项目的申报过程，如何规划与设计一个与上级"政策口子"相对应的项目，并且尽可能保证项目申请的成功，体现着领导者与部门的权力与实力。若策划的项目成功中选，相应的项目申报部门则因此获得了项目的归属权，即拥有了项目的整个运作权限。

　2. 项目比选

　　项目设计需要制订多套方案，以备选择。但最后只能选择最佳、最为成熟的项目进行申报。因此，对项目设计方案的选择是一个项目比选的过程。项目的可行性、长短期效益、申报成功率是项目比选中考察的重要因素。

　3. 项目决定

　　项目决定权是项目权力中重要的一项，主要表现在项目各重要环节中的决策权、分配权、审批权与调配权。在领导干部个人身上体现为对项目的批准与签字权，一般只有县级以上领导及各部门主要领导才拥有该项权力；项目审批权主要是针对部门而言的权力，是部门对项目实施与否的审批权；项目调配权则体现为县一级部门在项目成功申请到县后，在整个县域将项目再分配至乡镇及村的过程。不仅如此，在项目分配过程中，大量的矛盾与问题会成为项目行进的阻碍，也需要对项目进行调配。这些权力的实现与落实需要对项目能够做重要决定的部门及人员来完成。

　4. 项目实施

　　项目实施是项目权力中的执行与落实权。项目实施主要由各职能部门具体负责，项目实施权属于各职能部门。但项目在实施过程中会涉及各部门的配合，项目实施权能够将各部门组合起来。

5. 项目监管

项目监管贯穿于项目实施的全过程，项目监管体现着对项目实施各环节的质量与进度的监督以及廉洁度的监察。

6. 项目评价

评价主要是对项目的审计、验收、评估等工作。由上级部门聘请专业的第三方评估机构对项目进行验收。验收权与评价权决定着项目的成败。

项目权力是一项集各项权力于一体的综合权力体系，并且各权力之间相互穿插、共同配合，在县域中形成一张密集的项目权力网，县域行政正是在项目权力网的影响下运行的。

（二）项目权力的运作

项目权力的运作凌驾于科层制体系架构之上，相对独立于各部门，其运作主要表现在对县域部门协作、人事调动、财力安排等的影响上，而部门协作、人事调动以及财力安排则是推进县域行政运行的重要因素。

1. 项目权力与部门协作

分工明确的"条块行政"一定程度上被项目打破，各项目指挥部是项目制下部门协作的代表包括各种名目的临时办公室、各种指挥部、部门派出机构等。各指挥部随着项目的实施在县域内大量出现，几乎每一重点项目都有相对应的指挥部，并且指挥部都以县级领导干部为主要负责人，还专门制定了针对项目指挥部管理等的考核办法。表4-2展现了H县四类典型项目案例中的联系领导与责任单位分工情况。

表4-2 H县四类典型项目案例中的联系领导与责任单位分工情况

项目名称	挂点联系县级领导	责任单位
吉河水库项目	县人大常委会主任、副主任	吉河水库协调指挥部、县水利局
猕猴桃产业项目	分管农业副县长、政府办公室副县级干部	县扶贫开发办

项目名称	挂点联系县级领导	责任单位
商贸物流园项目	常务副县长，县分管旅游、文化、商贸副县长	物流园建设指挥部、县投资促进局
茶镇风情小镇旅游开发项目	县长，县政协主席，县分管旅游、文化商贸副县长	茶镇风情小镇旅游开发公司

　　从表4-2中可见，县人大、县政协、县政府主要领导都对口负责与联系项目建设。茶镇风情小镇旅游开发项目则成立了相应的管理公司，笔者在调查中发现，茶镇风情小镇旅游开发公司的管理人员实为政府办下属派出机构，由政府办统一负责管理。笔者在H县的调查中还发现，县委作为决策指挥机关，也存在直接管理与领导项目的情况，县委副书记也直接领导部分县级重点项目。由此可见，项目权力将各涉及的部门进行了统合，项目成为部门协作的重要领域。

　　2.项目权力与人事调动

　　项目权力对人事安排有着重要的影响，如日常精干人员往往抽调到项目部，县经管站的人员多数抽调到各项目指挥部；又如吉河水库项目就抽调了各职能局的主要精干力量进入项目指挥部。同时，人事安排向"项目需要"进行了倾斜，人事选拔任用优先考虑在项目方面有突出表现的干部，把项目业绩作为干部能力评价的重要指标。凡是在项目实施中表现突出的个人进行"先进个人"的奖励，项目权力将县域原分属各部门的人员进行了重组。也由此，各部门之间的职能互动也通过部门人员的交流增加了。

　　3.项目权力与财力安排

　　项目权力需要财政权力来支撑，项目分配实际上是对县财力的分配。财政预算除了刚性支出外，其他基本安排在项目上。在预算安排中，项目支出占比是非常大的，包括上级专项、本级专项、各种政府融资平台的资金支出。H县出台了对项目资金安排有利的政策文件，如在《H县重点项目管理办法》中规定：金融机构应支持县域经济和社会建设，优先保障重点建设项目的信贷投放。

四 县域行政运行效果：项目动员

"项目制在基层政府的推行使得科层体系发生重构，政府内部动员由'层级动员'转向'多线动员'，行政资源的分配也演变为项目中心模式。"[①] 因此，县域行政运行的效果是对整个县域的"项目动员"，而不仅是政府内部的"多线动员"。项目动员可以从以下三个方面来考察。

（一）县、乡镇、村动员

项目制下县、乡镇、村之间的关系更多演变为一种"项目关系"。县、乡镇、村之间被项目广泛动员，特别是县与村之间的关系，在大量项目下乡背景下得到不断强化。科层制对县、乡镇、村以往只是通过行政指标下达的形式进行管理与动员。而当前演变为围绕"项目"而展开的动员，也使得资金、人员、物质都通过项目实现了"多线动员"。以精准扶贫对口帮扶工作为例，表4-3罗列了H县重点对口扶贫村的帮扶单位情况。

表4-3 H县重点对口扶贫村帮扶单位一览

序号	乡镇	行政村	帮扶单位
1	麻场镇	黄龙村	市自然资源局
2		豆湾村	市民政局、市军人接待站
3		沙西村	县政协办
4		老桥村	市编办、市台办、某商业银行
5		香风村	省农业大学
6	雅镇	扣东村	县住建局

[①] 陈家建：《项目制与基层政府动员——对社会管理项目化运作的社会学考察》，《中国社会科学》2013年第2期，第63页。

续表

序号	乡镇	行政村	帮扶单位
7	吉镇	排夏村	县烟草公司
8	龙镇	耳村	市委组织部、团市委
9		孔村	市委组织部、团市委
10		烈村	省委组织部
11		桃村	市委统战部、市工商联、市侨联
12	边镇	太村	县纪委、监察局
13		栗村	县政府办
14	花镇	寨办村	农发行
15	补乡	扶桶村	县委办
16	猫乡	熙光村	县检察院
17		果村	县法院
18	潭镇	地村	县财政局
19		溶村	县人大办

通过表 4-3 可以看到，对口帮扶单位囊括了省、市、县一级，并且每一级中的对口帮扶单位权力及对扶贫项目谋划的积极程度都对每个村产生了重要的影响。如省一级的省委组织部；市一级的市委组织部、市自然资源局；县一级的县政府办、县人大办、县财政局、县住建局等单位。

除此之外，项目动员还使得县、乡镇、村三者关系更为紧密。表现在县一级主动施加影响，乡镇、村的互动与反馈上。比如，县级政府通过决策，把项目建设意愿施加到部门和乡镇，下级通过建议等途径，将项目需求等信息向上反馈。

（二）政府项目绩效

1. 部门绩效

项目是部门绩效的重要载体，也是部门考核的重要内容。以 H

县水利局为例，县水利局作为重点项目的主要建设部门，重点项目建设占到了各项目评比的 60%。县水利局的部门绩效主要通过该项目来体现。同时，以重点项目为单独考核对象的考核指标也纳入部门的绩效考核之中。因此，在县域内部门综合考核、重点项目单独考核、上级部门对下级部门的条线考核等的多重、多项考核下，项目成为部门工作的重要动力。

2. 体制内的个人晋升

项目制下项目在县域成为影响个人晋升的重要指标。项目是领导干部政绩与个人优秀与否的重要体现。因此，体制内的领导干部与个人也会通过抓住项目的形式实现个人晋升。

（三）社会动员

在县域行政系统外的社会领域中，项目带来的巨大社会、经济效益也成为社会领域各主体的争取对象。由于政府公权力系统掌握着大量的项目资源，社会领域各主体主要是通过与政府系统合作项目的形式来实现项目资源的获取。特别是对贫困落后的地区而言，在市场经济发展水平有限的情况下，政府是主要的资源掌握者。政府通过项目将社会各领域的主体广泛动员起来，政府与社会通过项目增加了互动。

1. 社会组织

社会组织是非营利性的、以提供公共服务为主的非政府组织，近些年来，社会组织成为社会领域重要的治理力量。社会组织要实现公共服务的提供，有效达成组织的治理目标，离不开项目的有效运作。在 H 县的调研中，笔者对在 H 县较有影响力的一个社会组织进行了调查。该社会组织是专门以提供农村公共服务为职能定位的，其派驻了扶贫专员长期驻村进行扶贫。该社会组织工作的开展与政府的项目动员有着密切的联系。

他们一开始来的时候直接进驻村里，得不到村"两委"与村民的认可，工作非常难开展。因为他们没有一个进入乡村的"身份"。后来一次偶然的机会我认识了他们，我告诉他们在这个地区开展工作，必须得到政府的支持才能够更好地进驻该区域。而且，国家精准扶贫给县里投入了非常多的资金，他们的扶贫应该想到如何将国家的扶贫资金有效使用起来。通过政府筹措资金是非常好的一个资金筹措渠道，并且国家也有鼓励社会组织积极参与扶贫的政策。后来，他们通过我的引荐找到了县委书记，又通过他们的组织联系到了市长。在市一级、县一级的帮助下，他们与县一级达成了相应的服务协议，以政府与社会组织合作扶贫的形式来开展工作。现在他们的工作在各个村开展得也非常顺利，村民的认可度也高。

访谈对象：H县挂职副县长陈某

访谈日期：2017年3月25日

从访谈中我们可以看到，在贫困地区通过争取政府资金与帮助的形式是非常有效地实现社会公共服务的途径。由此可见，政府利用资源的强大力量将社会组织有效动员起来，社会组织是政府项目的重要执行者。

2.企业

企业与社会组织不同，是以营利为目标的市场主体。项目对企业的动员分为两类。一类是项目对县龙头企业的动员。主要表现为"政府＋龙头企业＋合作社＋贫困户"的扶贫模式。政府依靠龙头企业良好的市场经济效益，将扶贫重点产业项目交给龙头企业来建设和管理，如猕猴桃产业项目就是该类项目的典型。龙头企业也非常乐意与政府合作，因为扶贫项目资金是非常大的一笔款项，与政府的合作可以给龙头企业带来收益。另一类是项目对小型企业的动员。在经济欠发达地区，小型企业与政府的合作较为常见。在第三章对项目招标的分析中我们发现，大部分小型项目的承包方是由小型企业来承担的，小型企业很多情况下都是通过承包政府项目来运转的。在 H 县，企业领导频繁跑扶贫开发办的情况就是该现象的重要表现。

3. 投资商

投资商包括县域内与县域外的投资商。政府的项目建设对于投资商来说是有较大吸引力的，并且政府每年也对主管职能局下达招商引资的任务。政府与社会资本合作的项目成为近年来县域重点主推的类型。在这样的政策推动下、在政府大量项目资金的吸引下，投资商纷纷加入项目的实施与建设中来，通过资本投资成立公司的形式获取项目。

4. 个人

原子化的个人主要通过参与项目规划、项目实施、项目评议的形式，实现自身的项目知情权与参与权。

第二节　项目制下县域行政运行的积极效应

一　县域行政运行的目标化

以项目为中心，县域各项工作围绕项目展开，"项目治县"成为贯穿县域发展和各部门工作的主线。

"项目治县"成为 H 县发展的总理念，项目至上、谋划项目成为县域发展的重要逻辑。一方面，贫困地区"吃饭财政"需要中央财政的支持；另一方面，中央财政的"项目化"转移支付方式激励地方进行项目申报。在 H 县，2019 年 1~4 月全县完成财政收入 2.1 亿元，而每年全县用于正常县域机构运转的经费以及政府部门职工工资等占据大部分财政收入，能够用于县域发展的地方资金大部分依靠中央财政转移支付。这样一来，如果不进行项目申报、县域发展计划不包装成项目，则难以获得中央转移支付下来的财政资金。即使是按贫困发生率直接下拨的财政扶贫资金，在到达县一级后也需要县、乡（镇）、村、企业等以项目申请的方式申报资金。在"项目治县"逻辑的主导下，整个县域规划与县域发展总目标都是围绕如何扩展、包装、获取项目而进行的，项目逻辑主导了县域当下及长远的发展。县一级各机构与各部门、乡镇一级、村一级都以项目为行动指南，围绕项目开展活动。县域行政的规划、考核、监督、工作重心等都与项目紧密相关。

H县会按项目的重要性与项目大小区分年度重点项目和一般项目。全县将重点项目作为主要抓手，安排重要领导、重要部门来保证重点项目的运转。项目是在一套标准化的项目申报、实施、验收流程与规定下进行的，"项目制是技术治理的重要体现，其设计的初衷就是加强条线体系中上级对于下级的控制，防止政策执行过程中的走样"①。项目执行的标准化与程序化给治理带来了模式化的操作方式，中央加强了基层管理的同时，也增强了对基层的动员。

二　县域行政运行的规范化

项目化运作集中了项目制的优点，为基层集中优势资源以高效、精准地推进乡村振兴提供了畅通的渠道和机制，也丰富了县域多元化的公共服务资源供给。项目化运作有利于调动政府、企业、社会组织、村民在内的多元主体以更高的积极性投入乡村振兴行动，也有利于促进脱贫攻坚项目向乡村振兴项目转变的有序衔接。项目制运作涉多主体、多部门，流程繁杂且环环相扣，并且每个流程都有严格的制度规定，使得县域行政运行更为规范化。虽然也存在一定的项目寻租，但整体来看，项目创造了更多的竞争与资源分配机会，也让更多主体能够通过制度化的规定与流程参与到县域治理与资源分享中来。

---

① 张振洋:《当代中国项目制的核心机制和逻辑困境——兼论整体性公共政策困境的消解》，《上海交通大学学报》（哲学社会科学版）2017 年第 1 期，第 32~41 页。

标准化的项目流程造就了规范化的项目运行。项目制下，项目需按照项目规划制定、项目酝酿与申报、项目实施、项目验收与运营四大流程展开。四大流程又具体包括项目规划制定阶段的专家评审、可行性审查、规划许可等，项目酝酿与申报包括项目评审、项目获批、环评、土地许可、施工许可等，项目实施阶段的招标、实施、协调、监管等，以及项目验收与运营阶段的验收、审计、运营等环节。如乡村振兴工作中，乡村振兴项目从前期项目库的确立就进行了规范化的规定。2023 年国家乡村振兴局等颁布了《乡村建设项目库建设指引（试行）》，在入库项目的内容、入库程序、入库管理、负面清单、项目库评估等方面对乡村振兴项目各流程进行了规范化、制度化的规定，以确保项目运作权责清晰、管理规范、运行有效。

三　县域行政运行的效率化

项目带来的巨大经济和社会效益，使其成为县域动员的重要力量，县域行政运行效率也随之增强。政府希望通过项目发展经济，公职人员希望通过项目政绩实现个人晋升；社会组织、企业、个人等希望通过与政府进行项目合作获取项目资源。因此，项目动员成为县域发展与社会发展的强大动力，政府也是通过项目将社会各领域的主体广泛动员起来。"项目制在体制内具有较好的'自我生长'能力，既能解决自上而下的动员问题，也能提供自下而上的利益诉求渠道，使得科层体系逐渐以项目为中心运转 。"[①]

项目制对于社会组织的动员体现在，社会组织在贫困县公共服务的提供离不开与政府扶贫项目的合作。由于县本土的社会组织发育程度不高，大部分提供公共服务的是外来的社会组织和机构。该类社会组织对县域情况不熟悉、村民对其不信任，扶贫帮扶工作开展难度大。在此情况下，通过与政府扶贫项目合作能够提高扶贫成

[①]　陈家建：《项目制与基层政府动员——对社会管理项目化运作的社会学考察》，《中国社会科学》2013 年第 2 期，第 64~79 页。

效。一方面，国家精准扶贫投入了大量的资金与项目，社会组织能够利用组织的优势与特色实现对扶贫资金的高效利用；另一方面，政府有鼓励社会组织参与扶贫的政策，社会组织通过与政府扶贫项目的合作实现本组织扶贫目标。在调研中，笔者发现在 H 县较有影响力的某一社会组织就是在前期得不到村民认可的情况下，通过转向与政府机构合作、参与政府项目的形式才顺利开展项目。在这种模式下也带动了更多的社会组织进入 H 县开展项目建设。

企业在项目中被动员有两种类型。一类是项目对县龙头企业的动员。主要表现为"政府＋龙头企业＋合作社＋贫困户"的扶贫模式。政府通过依靠龙头企业良好的市场经济效益，将扶贫重点产业项目交给龙头企业来建设和管理。如猕猴桃产业项目就是该种形式的典型。龙头企业也非常愿意与政府合作，因为扶贫项目资金数额大，与政府的合作可以给龙头企业带来大量的资金。另一类是项目对小型企业的动员。在经济欠发达地区，小型企业与政府的合作较多。在项目的转包环节，大部分小型项目的承包方是由小型企业来承担的，小型企业很多情况下都是通过承包政府项目来发展的。同时，政府每年也对主管职能局下达招商引资的任务，政府与社会资本合作的项目成为近年来县域重点主推的类型。在政府的政策推动、大量项目资金的吸引下，投资商纷纷加入项目的实施与建设中来，通过资本投资成立公司的形式获取项目。

干部的晋升是与项目紧密联系的，县域也把项目作为个人激励与晋升的重要参考标准。在此背景下，个人的行为方式以项目为主导，希望通过参与重点项目建设来体现个人能力。在县域公务员、事业单位系统中晋升机会比较有限，要想实现个人的晋升比较难。笔者在调研中发现，县域中较多乡镇公职人员希望通过项目这一渠道调入县城工作。在 H 县，项目指挥部成为个人调动、人员调整的重要"中转站"。大量教师、乡镇事业编制人员、三支一扶、选调生等通过进入项目指挥部再转向县城的各单位。因此，通过项目途径改变个人现状成为许多公职人员的晋升路径，同时，项目也成为县域调动个人积极性、进行个人激励的重要方式。

第三节　项目制下县域行政运行的限度

一　项目竞争与资源不均

（一）项目竞争

项目之间的争夺导致县与县之间以及县域内部的竞争。竞争具体分为两类：一类是区县向上级部门争资跑项导致不同区县之间的竞争；另一类是区县内乡镇与村争资跑项带来区县内的竞争。从向上级部门争资跑项所引发的区县之间的竞争来看，这种竞争导致各区县为获得项目而不遗余力的"举债式"发展，以及忽视区县实际的"项目争夺战"。

在 H 县的调研中我们可以深刻地感受到，县与县之间为了争夺项目所进行的激烈竞争。2017 年初，H 县组织了县委办、县人大办、县政协办、县政府办"四大办"主要领导赴各周边县市考察学习的活动，回来后立即召开了经验学习交流会。

在会中，各主要领导分别就外出学习中的感受做了深刻阐述，被其他县市"大胆发展项目、积极谋划项目"的现实所冲击。大部分领导要求县域要更加放大胆子，扩大融资渠道，积极向银行贷款，大力包装项目。听会的全体人员都被项目能够给县域带来的巨大改变所鼓舞，并且各部门领导也纷纷以项目作为本年度目标任务。

调研日记主题：经验交流会

日期：2017 年 2 月 11 日

在这之后不久，县委召开了县经济工作会议，在经济工作会议中对"项目主导县域发展"的思想再次进行了强调。在这样的县域对比之下，中央一旦有"政策口子"，地方的竞争就非常激烈。如吉河水库项目，为了让项目顺利获批，H县不惜采取降低项目级别以减少项目审批部门的形式，使其在与其他县市的竞争中赢得时间。不仅如此，当前，在乡村振兴政策的大力实施下，乡村振兴局的领导又多次到其他省市考察学习，回来后都强调要更加放大胆子争取更多乡村振兴项目、扩大融资渠道、大力包装项目，要以集中抓项目的形式形成产业化、规模化、特色化的乡村振兴发展模式。如各区县得知中央有申报城乡融合示范区的政策后，多方搜集信息，积极谋划项目申报工作。因此，有学者总结，项目制在中国的经济奇迹中发挥了十分重要的作用，一个接一个的经济项目拉动了地方的经济增长，促进了地方政府之间的竞争，形成了官员晋升的政治"锦标赛模式"[1]。

从县域内的竞争来看，为争取项目在各乡镇与村的落地，县域内的乡镇领导及村干部会通过多种渠道来获取项目。除了中央、省、市、县一级直接指定的项目外，其他大部分项目是通过村"两委"、驻村干部、乡村振兴工作队的共同努力来实现的，特别是对于一些非乡村振兴示范村，获得项目的难度比乡村振兴示范村要大，但村庄需要发展，因此大多非乡村振兴示范村的村干部都多方努力去争取项目。

（二）资源不均

项目不合理竞争导致项目资源分配不均。在项目制下，项目经历着"国家部门的'发包'机制、地方政府的'打包'机制和村庄的'抓包'机制"[2]三个机制的制约。因此，在县域内外的项目竞争

---

[1] 周黎安：《中国地方官员的晋升锦标赛模式研究》，《经济研究》2007年第7期，第40页。

[2] 折晓叶、陈婴婴：《项目制的分级运作机制和治理逻辑——对"项目进村"案例的社会学分析》，《中国社会科学》2011年第4期，第130页。

下，项目资源在经历多次的分包之后，其分配与原初的计划有一定的出入。在项目争取上，人脉关系广、对口单位实力强的村能够获得较多的项目。如乡村振兴中省委组织部、省财政厅等部门，在项目资金、人脉关系上都有相对优势，也因此能够获得较多的项目。在项目执行上，"对项目执行主体而言，其运作扶贫项目的动机和目的往往是多重的，既有为老百姓办实事的考虑，更重要的是通过扶贫项目来创造政治业绩，获取经济资本和政治资本，为自身的职位升迁做铺垫"①。在脱贫攻坚时期，贫困村的确定就体现了项目资源难以均衡的现象，而依据精准扶贫的政策，贫困村可以比非贫困村得到更多的资金与项目支持，这样一来，原本相差不大的村庄在项目难以均衡分配的情况下发展差距被逐渐拉开。同时，非贫困村的村干部为了推动村庄发展，则会加紧向县一级的争资跑项，以期推动村庄发展。这样虽然在调动村干部积极性上有一定的积极效应，但在某一程度上会导致项目不合理竞争的恶性循环。

二 项目逐利与执行变通

(一)项目逐利

项目携带着大量资源，在项目的整个运作过程中容易出现各项目主体通过项目谋求自身利益的情况。一种表现是通过项目谋取经济利益。通过项目的运营和发展，将项目产生的经济收益转化为个人收益，产业发展类项目是谋取经济利益的重要方式。另一种表现是通过项目谋取政治利益。项目是一种施政的重要措施，施政理念、举措和成效都可以通过项目的成功落地见效来实现。通过项目的有效实施，政府的执政绩效也得到体现。

在项目利益的驱动下，县域行政用于项目的时间与精力、人力与物力都较大，政府创新能力容易受到影响。项目是在一套标准化

---

① 马良灿：《项目制背景下农村扶贫工作及其限度》，《社会科学战线》2013 年第 4 期，第 220 页。

的项目申报、实施、验收流程与规定下进行的，"项目制是技术治理的重要体现，其设计的初衷就是加强条线体系中上级对于下级的控制，防止政策执行过程中的走样"①。项目执行的标准化与程序化给治理带来了模式化的操作方式，但同时也抑制了基层的创造性和关注其他领域创新问题的可能性。而基层对于自身的治理需求与治理矛盾是最为熟悉与了解的，也是最能依据自身特点来创新治理方式的主体。但由于对项目的过分依赖，中央加强了对基层管理的同时，也在一定程度上限制了基层的创新性。再者，政府花费大量精力用于项目的同时，使其他工作可能被忽视。如县水利局负责的吉河水库项目，由于在绩效考评中该项目占据了县水利局年终考评的极大部分，整个县水利局将重心与精干力量投入该项目中。但除该项目之外，县域还有大量的灌溉、防洪、水土流失、水文管理等工作需要县水利局负责与实施，但重点项目的管理已经分散了县水利局的大部分精力，其他工作则难以均衡。

在政府与市场关系上，项目容易导致政府与市场关系不明晰。政府在项目的转包过程中需要有市场主体的介入，而由哪些市场主体参与、以哪种方式参与等则有较大的操作空间，因此容易在项目利益的影响下使政府和市场的关系难以划分明确。如在脱贫攻坚时期，H县在猕猴桃产业项目中，龙头企业由于与政府签订了合作协议，即使亏本经营也要实现对贫困户分红的承诺。由此一来，企业的市场效益则大打折扣。笔者在调研中还发现，在脱贫时间紧、任务重的情况下，为了实现脱贫的目标，政府还通过动员政府工作人员来发动贫困户向银行申请小额信贷的方式入股企业。但是这种政府介入市场的行为，如果企业经营业绩不好，贫困户的利益在一定程度上也难以保障。

（二）执行变通

项目在实施过程中容易产生项目资金挪用、项目合并、项目滞

---

① 张振洋：《当代中国项目制的核心机制和逻辑困境——兼论整体性公共政策困境的消解》，《上海交通大学学报》（哲学社会科学版）2017年第1期，第32~41页。

后等项目变通的问题。由于项目需要先完成环评、"土地使用证"申请、消防审核等系列程序才能正式开工，因此，即使项目已经立项，但距离真正实施落地还会遇到多种问题。项目逐利性导致项目在运作中出现各类变通的情况。由于一些项目的立项时间较早，项目实施过程会因为乡镇及村的建设需求发生改变而出现调整项目建设地点、建设内容和资金使用方案的情况。如笔者在调研 J 区时发现，在乡村振兴项目实施中为了给村及乡镇带来更多的收益，大多数乡镇将项目内容更改为乡村旅游项目。因为乡村旅游可以给村及乡镇带来更多收入，可以实现项目盈利。目前，乡镇一级普遍对乡村旅游这一新兴的收益项目表现出极大的兴趣，而对人居环境整治类、基础设施类等见效慢、精力耗费大的项目关注不足。因此，J 区在 2019 年下发的项目文件中特别在"项目管理"一栏强调，通过项目审核的相关镇必须严格按照内容实施，强化项目主管部门结合单位职能职责对相关镇街的项目方案进行审核管理，加强项目的监督、检查，及时抽查所涉项目的实施情况，对存在的问题及时指出并责令整改，确保项目任务顺利完成和项目执行不走样。

同时，为了使乡村振兴体现集群化、规模化，基层政府会集中力量将各类各村资金先集中用于打造项目。如 J 区将 2019 年度可以用于乡村振兴的各类涉农资金，以及 Y 村获评国家级乡村治理示范村、全市首批乡村振兴示范村的奖补资金等各类各级资金整合起来，召开了多次资金整合与部门协调会议，优先建设亮点项目，再通过亮点项目带动其他项目发展，但这在无形中加剧了资源在某些村的集中，而使其他村的发展有所滞后。

三　项目管理与条块行政

（一）项目管理

科层制是项目管理的主要依托载体。从整个县域的项目管理来看，除了按项目制度规章来管理项目外，H 县专门针对重点项目制定了《H县重点项目管理办法》，其中包括重点项目的督查跟进、项目责任分工、纪检监察等内容。同时，也以绩效考核的方式来制定项目的激励与奖励办法。科层制运行中存在的弊端也影响了项目的运行，进而影响了整个县域行政运作。项目管理中存在的问题表现为：多重管理、多重考核、权责不对等。项目的管理与考核分为上级部门的考核、县域部门的考核。上级部门的考核又分为综合考核、单独考核；县域内部也对项目进行了重点的管理与综合管理，考核的项目与内容也涉及多个方面。众多考核与管理在凸显项目重要性的同时，也增加了管理的成本与负担，工作人员为了迎接考核与检查花费了大量的精力，项目的实际建设受到影响。在对驻村第一书记的访谈中笔者了解到，精准扶贫工作中迎接检查与实际工作开展的时间占比存在很大的不协调问题。"我们每天70%的时间用在表表册册上，10%的时间用于解决村里纠纷和维护稳定，10%的时间用于走访了解贫困户，只剩下最后10%的时间用来考虑村产业项目发展。"[1]在当前乡村振兴工作中，乡村振兴项目也面临多重考核的情况，乡村振兴驻村工作队队长在谈及乡村振兴产业项目时说："县里会以下达任务的方式给每个村制定产业发展的目标，去年县里面要求每个村都要种植小米椒，最后95%的村都亏损了。我们村种了10亩亏了1.2万元。有的村种植了100多亩，亏损都是10万元起步。今年县里要求发展肉牛养殖，并且发展肉牛养殖的资金是让村里去贷款，现在我们村都贷款了300万元了，这次养牛平均每个村都是贷款200万元起，风险很大。而且村里又不懂管理，缺乏管理人才，村集体经济又薄弱，县里每年都会下达考核任务，各类考核还会细化进行排名，排名的情况直接影响年终的绩效。工作队压力非常大，工作也非常难开展。"[2]

（二）条块行政

项目制下部门之间的条块关系，导致项目实施中的各自为政现

---

[1] 访谈对象为驻村第一书记许某，访谈日期为2017年8月20日。

[2] 访谈对象为驻村第一书记张某，访谈日期为2023年4月13日。

象。由于上级部门与下级部门之间是以"条"状的管理为纽带，部门与部门之间是"块"状的行政，部门只听从上级分管部门的指挥，以上级部门的"政策口子"进行项目申报。因此，县域"八仙过海""各自为政"的部门运作情况仍然明显，这也是项目在实施过程中设立协调委员会以及部门指挥部、临时办公室的原因。各部门是基于上级部门和本部门职责上的行政，"三定方案"（定机构、定编制、定职能）是各部门日常运作的依据，在部门本职工作的指定下，各部门基本上是各自负责本部门的项目。而县域内的各部门是同级部门，不属于上下级的关系，因此本部门难以协调其他部门的项目。如在 H 县 B 村原本县自然资源局已经确立了一个村级项目，县法院又争取了一个职能类似的项目，这就使得同一类型的项目在 B 村同时落地，不仅浪费了项目资源，还占用了村里的土地，并且从后续项目使用的频率来看项目在该村发挥的作用也不尽如人意。由此，大部分的县级重点项目需要县级领导及县委、县政府的出面才能将各部门统筹起来，小项目因为部门的条块行政而无法实现项目的共享与共治。县里也无法对项目进行有效的跟进，甚至出现了每个部门运行了何种项目、项目进行如何县级领导及政府都不知情的情况，县级政府难以统筹协调。

四　项目实施与基层矛盾

（一）项目实施

从实践调研结果来看，项目实施中的征地拆迁矛盾与不同部门间的冲突需要重点关注。从项目实施的主要障碍来看，征地拆迁成为项目推进中普遍存在的一大难题。征地拆迁面对的是有多元化利益诉求的民众，利益的多元化考验着基层政府的治理能力。特别是乡村振兴重点项目由于项目工程量大、涉及村庄多容易成为矛盾发生的主要集中区。Y 村美丽乡村项目是 J 区重点打造的"生态自然＋都市农业＋文化旅游＋田园社区"四位一体的全域旅游休闲观光的乡村振兴示范项目，与有雄厚实力的企业签订了招商合同，项目涉及6个村，总投资逾200亿元，占地总面积约14000亩。其中要完成的土地流转、农户搬迁数量都是巨大的，土地流转费的拨付、农户搬迁的动员及安置工作等都极为复杂，再加上一些历史遗留问题让整个工作难度增加。同时，在项目推进中需要自然资源局、生态环境局、规划局、农业农村局、财政局等各大局的共同行动。由此，振兴办作为乡村振兴的综合协调部门会按实际需要召开办公会和项目推进会，通过召集各部门及镇村负责人开会来解决项目推进中的问题。振兴办的协调权力主要来自分管领导的权威，在一些协调难题出现时，振兴办会将问题集中反映给其主要领导，通过更高层级领导的权力来协调项目推进中不同部门的工作，形成部门合力。

乡村振兴项目实施中还存在乡村精英截取项目资源的现象，使项目资源不能直接抵达受益方。笔者在调研中发现，有权力、有财力、有能力的人成为项目资源的主要截取方，许多村民被排除在项目的受益范围之外。具体来看，有财力的精英通过获取项目承包权从项目建设中获得收益；有能力的人在村一级成为项目后期的主要运营方。在村集体经济建设中，也是有能力的致富能人组成合作社来负责项目的建设。笔者在H县调研中发现，有财力的人一般是有能力的，在猕猴桃产业项目中龙头企业的主要负责人是在当地非常有财力的老板。因此，乡村振兴项目中"精英截取"现象的存在容易导致村民获得感的减弱，项目收益难以惠及村民。

（二）基层矛盾

项目在实施与后期运营的过程中需要与各主体明确合作机制与利益分配等的问题，在此过程中可能因为利益分配不均、补偿机制不健全、资金到位不及时、入股分红不合理等产生大量的纠纷，纠纷解决不及时则容易给基层稳定带来影响，也会导致大量信访问题的出现，从而引发基层矛盾，如果得不到及时化解则会给县域稳定带来影响。

如在对商贸物流园项目指挥部负责人访谈中笔者得知项目的进度慢就与迁坟问题没有解决有很大关系，其实不只商贸物流园项目，凡是项目的开工建设征地拆迁都是首要的问题，一旦征地拆迁问题处理不好，项目的进度就会受到很大影响。而征地拆迁面对的又是有多元化利益诉求的民众，诉求的多元性严重考验着基层政府处理问题的水平与能力。

> 与老百姓直接打交道是非常难的，也是非常考验处事艺术的。征地拆迁涉及每个人的切身利益，每一个人都不愿意做出退让，而且得讲究每一家每一户的标准都相同，否则工作非常难开展。现实中就存在大量的钉子户，而上面的工程进度督查与时间进度安排非常紧，我们的工作压力非常大。农民也知道我们的工作压力，他们知道我们完不成拆迁，上面就会逼迫我们，就会向他们妥协，就是有那么几户和你对着干。在处理一些征地拆迁问题时，我们也会采取灵活变通的方式来进行。只要不违背政策、村民不发生矛盾，一些细节方面的问题就可以灵活处理了。

> 访谈对象：H县驻贫困村第一书记陈某
> 访谈日期：2017年4月21日

从整个县域来看，重点项目由于项目工程量大、涉及村庄多而成为矛盾发生的集中区。如吉河水库项目不仅涉及水库坝体建设时的拆迁问题，还涉及水库所淹没区域的移民搬迁与安置问题；猕猴桃产业项目则需要流转大量的土地，而且猕猴桃的种植需要三年才能挂果，在猕猴桃未挂果期间的土地流转费用还是要照常发放的，在调研中我们发现土地流转的村民对企业拖欠土地流转费的行为极为不满；商贸物流园项目位于城区，人口密度大，民众维权意识高，征地拆迁难度更大，一旦征地拆迁问题处理不当，则更容易引发群体性事件。B 镇旅游开发项目涉及整个小镇接近万人的规划、拆迁以及旅游景区后期运营中产生的各种问题，而且小镇的历史遗留问题、人口素质等问题又进一步增加了项目推进的难度。因此，项目实施中引发的矛盾成为基层不稳定的重要原因，是项目制下县域治理需要极大重视的问题。

第四节　项目制下县域行政运行限度产生的原因

一　项目有限性与需求广泛性的差距

（一）项目的有限性

从中央层面来看，中央每年的项目规划以及项目总量是有限的，这种有限性相对于中国辽阔的地域而言是稀缺的。《中华人民共和国国民经济和社会发展第十四个五年规划和 2035 年远景目标纲要》是项目实施的总体规划，国家的项目总量是在整个国民经济总规划下制定的，中央层面在整个总量上对项目的实施进行了规定。除国民经济总规划外，国家各部委每年会依据地方实际以及部委的项目量进行项目的分配，特别是国家发展改革委是项目审批与分配的重要部门，但这种项目的分配数量也是非常有限的。综合来看，不论是项目的总体规划还是整个中央层面的项目总量都是非常有限的。

从县域自身来看，对于欠发达地区县域而言其争取项目数量的能力，以及县域自身发展项目的能力都可能导致县域项目数量的有限性。从现实来看，一个重点项目争取下来往往会耗费整个县大部分的人力、物力与财力，而且一个县基本上也是 3~4 年才能争取下来一个重点项目。在这样的精力及时间耗费下，县从中央获取的项目总量是非常少的。再加上欠发达地区经济发展落后，外商投资愿意不强，县域自身招商引资的效果不佳、发展项目的能力堪忧。

对于投资商来说，投资我们县还不如投资临近省。临近省中央政策支持力度以及当地政策对电价、用地审批的支持力度都比我们县要大很多，不是不想来投资，而是这里的投资太弱。如物流园项目，基本上临近省物流园项目已经成型并投入运营且收益很大，而我们县才刚刚起步，已经大面积落后于临近县。

访谈对象：商贸物流园项目负责人

访谈日期：2017 年 7 月 10 日

在与商贸物流园项目指挥部负责人的访谈中我们可以看到，县域招商引资困难对于实现项目在县域的落地影响巨大。

（二）需求的广泛性

从需求的角度来看，地方对于项目的需求量是非常大的。就区县最基本的发展而言，区县基础设施、医疗、教育、卫生等各类民生缺口都对区县的项目发展提出了要求。从区县经济提升以及与其他相邻区县的发展比较来看，"项目治县""项目兴县"是区县发展的重要路径，这种发展逻辑极大地催生了区县对于项目的渴求。20世纪 90 年代分税制改革以来，"项目"成为中央财政转移支付的重要方式，也由此带来了区县工作重心向"项目"的转变。这就导致基层项目需求广泛性和中央项目供给不足之间的矛盾。地方政府迫于管理目标和考核的压力，在项目资源有限的前提下，乡村基础较好、更容易凸显乡村振兴成果的村庄则更容易被地方政府投入更多的项目资源。当然，通过亮点打造可以辐射带动周边村镇发展，避免项目"撒胡椒面式"的分散实施，以集中优势资源实现乡村逐步振兴的思路有一定的合理性，但容易造成项目的不合理分配，使村庄之间的发展差距进一步拉大。

二　项目分配中的利益冲突

项目与县域场域的利益分配紧密相关，项目资源分配过程中容易产生分利秩序现象。"分利秩序本质上是一种非正式的利益分配规则，权力是其中介，各利益主体的目标是将公共利益转化为个人利益。"[①] 区县在当地资源、血缘、亲缘、业缘等基础上，形成了复杂的利益关系网络。在一定程度上公权力就是对利益的权威性分配，而利益关系网络的存在容易导致项目资源分配偏离公共利益目标，出现资源分配的集团化和个体化。个人利益是建立在个人生存、发展需要基础上的利益诉求，个人背后是基于血缘、业缘、学缘、趣缘所形成的人脉关系网。因此，项目制下县域行政运作中的大量矛盾的背后实际上是不同主体的利益纠纷问题，县域项目化运作过程中需要解决好项目在不同主体间的利益分配问题。

县域围绕项目分配形成的项目权力容易引发权力与利益的不平衡，包括区县、乡、村不同层级的主体可能为了获取更多的项目资源而产生项目争夺。以乡村振兴项目为例，一些拥有乡村振兴资源控制权、项目发包权、打包权、执行权等权力的部门往往会为了部门利益而"截取"乡村振兴资源。在区县，乡村振兴项目中的资金分配权、项目审批权是可以获得利益的核心权力，项目在基层的分配过程中形成的项目权力容易与项目利益绑定起来，从而打破原有的利益格局。与乡村振兴项目类似，扶贫项目也受到权力与利益的共同作用。"在目前的项目制背景下，各类扶贫项目被地方各种权力与利益关系所绑架，使其已经远远背离了国家的初衷与贫困群体的需求。"[②] 区县各主体间所构筑的是一张"权力—利益的结构之网"[③]，

[①] 王海娟、贺雪峰：《资源下乡与分利秩序的形成》，《学习与探索》2015 年第 2 期，第 56~63 页。

[②] 马良灿：《不能再让利益关系绑架扶贫项目》，《中国老区建设》2013 年第 10 期，第 21 页。

[③] 吴毅：《权力—利益的结构之网与农民群体性利益的表达困境：对一起石场纠纷案例分析》，《社会学研究》2007 年第 5 期，第 35 页。

并且这种权力与利益之网经过长期的沉淀，以及区县"熟人社会"的人际关系因素交织变得更为复杂。在权力格局与利益格局相结合的情况下，一些乡村振兴项目由于服从权力的分配而偏离项目设计的初衷，由此产生的项目分配的不平等、项目变通、项目低效等都成为影响乡村振兴有效推进的重要因素。

三 监督与参与不足

（一）体系内监督不足

公权力系统对项目的监督能力不足是项目问题产生的一大重要原因。项目实施过程中普遍存在监管乏力、监管真空、社会监督缺失等问题。监管乏力是指乡村振兴项目实施过程中由于项目数量多、流程繁杂等造成监管主体现有监管能力、监管时效不足的问题。一般基层在建和即将开建的乡村振兴项目数量众多，而负责实施项目监管的财政局、乡村振兴局等人手有限，将项目发包出去后只是通过文件约束、定期检查、后期验收等开展监督，对项目在实施过程中的许多"细节"难以进行全过程、全方位的监管，从而容易产生项目实施过程中的项目腐败、项目目标偏离等问题。再加上项目流程繁杂加剧了项目监督的难度，乡村振兴项目的分配是先由各镇村上报项目计划，在基本上均衡各镇村的项目需求后，再将项目以文件的形式分配下达。项目实施中容易产生更改项目资金用途、项目名目等偏离既定规定的情形，在最后验收时项目的实际实施与项目原初申报已大相径庭。

（二）社会监督不足

社会监督是指公权力系统外的监督，包括社会组织的监督、企业监督、民众监督等，这类监督独立于公权力系统外，对于公权力系统能够形成相对客观的、独立的约束力。当前，县域内的社会监督大部分是民众电话举报的事后监督，对于项目腐败的预防以及项目质量的提升作用有限。而且社会监督是无强制力的社会权利对有强制力的公权力进行的监督，社会监督很多情况下容易受到政府公权力的干预与限制，最后导致监督的无效。项目制下，大量社会监督项目无力的案例就是该现象的最好体现。

（三）公众参与不足

公众参与不足是项目制下问题产生以及项目发展受限的重要原因。公众参与不足一方面是因为公众参与能力不足，另一方面是因为参与渠道完善度以及政府的信息公开程度不足。以村务公开为例：

> 村务不是不公开，是根本无法公开。当天上午贴的公示公告不到 1 个小时就会被撕毁，村干部和村里就有人敢这么干。第一，村民维权意识薄弱，大部分人无暇顾及也无能力顾及村里公共事务公开的问题。村民只有面临特别重要的事情时才去村民服务部，其他情况下一年也去不了几次，或者有事直接去村支书或村主任家中。第二，在村民心中总是觉得开会定了的事情无所谓公不公示，而且总是认为对公示提出异议也没用，自己无权无势，只能默认。最重要的是第三个原因，村里和乡镇都没有执法权，只有县一级部门有，对于撕毁公示公告的行为村里和乡镇驻村干部没有任何人有采取处罚措施的权力。但是县里又不可能因为这点小事来村里跑一趟，而且大部分村都是山区，来回路途遥远不说，县执法部门人员也有限，不可能时时监督到村。唯一的办法只有村里人向县里举报，但举报人又要付出很大的代价，因为整个村都是乡里乡亲，抬头不见低头见。而且村里也有很多人在县城工作，举报信和电话还未到达举报部门就被截留了。也因此，若村里无人举报，这种事情就这样过去了。

访谈记录：H 县执法局人员

访谈日期：2017 年 3 月 20 日

由此可见，现实中公众参与能力、参与制度保障、参与现实环境等都成为影响公众参与的重要因素，公众参与需要在以上因素完善基础上才能够得到有效保证。

四 科层制与项目制的双重规制

（一）科层制的项目推进与考核机制

政府从规划制定上、推进机制上、压实工作责任上以科层制的方式推进项目。韦伯所说的"科层制"基本特征是行政官员专业化、任期固定、职责明确；行政机构等级结构清晰、分工明确、职位设定严格，强调按照程序办事。以乡村振兴工作为例，在规划制定上，2022年H县先后召开了17次县委常委会会议、12次县政府常务会议、9次乡村振兴领导小组会议和25次专门工作会议，深入学习贯彻习近平总书记关于乡村振兴战略重要论述，深入贯彻落实《中国共产党农村工作条例》《中华人民共和国乡村振兴促进法》，贯彻落实中央和省委一号文件精神以及中央、省、州有关会议精神，研究部署巩固拓展脱贫攻坚成果同乡村振兴有效衔接工作。重点打造35个乡村振兴、人居环境整治、景区景点"三位一体"示范村，因地制宜推进乡村有序实现农业农村现代化。

在推进机制上，成立由县委书记、县长任双组长，县委副书记、县政府分管农业的副县长任副组长，相关县级领导为成员的县委实施乡村振兴战略领导小组。全面落实"三级书记"抓乡村振兴工作机制，成立"1（巩固拓展脱贫攻坚成果）+6（乡村振兴六大行动）+N（工作实际需要）"工作专班，继续深化县领导联乡包村帮户、县直部门各负其责、乡镇属地管理推动落实、村级组织实施等工作机制，形成巩固拓展脱贫攻坚成果和全面推进乡村振兴的强大合力。把乡村振兴工作纳入县委、县政府日常管理和年度绩效考核，实行"周调度、月通报、季点评、半年约谈、年底考核"制度，将考核结果作为干部年度考核、评先评优、选拔任用的重要依据。制定《H县2022年巩固拓展脱贫攻坚成果同乡村振兴有效衔接督查工作实施方案》等文件，严肃监督执纪，确保各项工作落到实处。

在压实工作责任上，压实县级领导责任，54名县级领导负责联系12个乡镇，相关分管县领导牵头工作专班，负责推进乡村振兴"六大行动"。压实后盾单位责任，后盾单位负责同志定期到村推动乡村振兴相关工作开展。压实工作队责任，全县228个村（社区）共派驻228支工作队616人，全县140个脱贫村、27个示范村、35个重点帮扶村和5个易地搬迁集中安置区分别派驻不少于3人的驻村工作队，全县所有村（社区）实现选派第一书记全覆盖。压实结对帮扶（联系）责任，县级领导带头，全县共有8067名干部和基层党员参与结对，实现监测户和脱贫户结对帮扶（联系）全覆盖，每名干部定期按要求开展走访。

（二）科层制的权力布局

从项目制的运行来看，县一级将各项项目权力集中于自身，乡镇与村只是被动接受项目安排。虽然在一定程度上，乡镇与村也有一定争资跑项的主动权，但县一级行政的主导地位是比较明显的，这种主导地位是由我国体制性与结构性的矛盾造成的。在当前行政层级设置、职能划分、财税体制等体制性规定下，县一级行政拥有县域内项目的管理权、财政权与执法权。县域内的物质资源、行政资源都是由县一级行政来支配的，乡镇行政在很大程度上成为县级行政的派出机构。在此情况下，乡镇与村的资源都需要向县一级争取，县一级在项目分配、项目管理上存在的不足则容易导致乡镇与村的发展不平衡。如上级政府下放至县一级的权力不足，导致县一级行政所拥有的权力与承担的责任在很大程度上不匹配。以精准扶贫类项目下放的部分审批权为例，涉农资金整合文件将项目合并、项目资金、项目实施时间等项目变更权力都下放至县，但县扶贫开发办人员仍抱怨说："下放的权力大部分只是一些小权力，但巨大的责任还是需要我们来承担,很多事情我们都是束手束脚。"县一级行政自身项目审批权有限,但乡镇与村的项目又要从县一级获得,县一级行政本身的缺陷就容易在向乡镇及村一级分配项目时产生更多的问题。

相对于县一级行政而言,乡镇作为行政层级中的最后一级,在层层传导的压力型体制下,权责不对等的情况表现得较为突出。乡镇一级对于县一级而言更直接面对民众,有自上而下的上级任务需要应对,有自下而上的民众需求需要处理。"上面千条线,下面一根针"是乡镇政府的真实写照,上级政府的各机构与部门都能够对乡镇进行管理与考核。乡镇政府在面对民众时需要处理的问题也涉及生产生活、医疗教育、信访维稳、矛盾纠纷、社保民政等各方各面,并且在偏远的山区,还存在各村寨路途遥远、管理难度大、民众素质普遍偏低的情况。乡镇一级行政是各项政府公共服务具体的提供者,是必不可少的一级行政,但在执法权与财政权上较弱,整个乡镇在对所属区域的管辖上比较弱势。村一级可能直接越过乡镇一级而与县一级"打交道",甚至乡镇一级对其辖区内村一级实施项目的知晓度都比较低。

由于村"两委"向全职化转化,工资由财政拨付,村"两委"基本上成为"半行政化"的机构,村民自治容易被消解。在村民自治能力不足的情况下,政府的行政力量得以进入村一级,行政指令性的发展方式使得村一级的项目发展在很大程度上沦为"政绩工程"。

权责不对等在县域社会中的存在,导致项目发展的被动以及上级管控力的增强。在这种情况下,项目建设整个过程都需要向上级汇报,进而整个项目的建设进度都会受到影响,项目的建设周期与建设能力也就降低了。整体来看,县、乡镇、村之间呈现得是一种"压力型体制"的特征,"将政府确立的经济发展指标和任务层层下达分解,从县到乡镇,再到村甚至到每个农民,对这些任务和指标的主要考核评价都采用'一票否决制',使每个政府机构的政绩、荣辱、升迁与之挂钩，这样就使得县乡关系在无形中，形成了一种自上而下的压力"①。在这种压力之下，项目制下的县域行政运行难以实现有效的治理目标。

（三）项目流程化的治理程序

在科层制的目标考核与层级落实基础上，乡村振兴项目又遵循项目治理的一整套程序。H县乡村振兴局的主要工作为督导指导、研究项目、发布项目动态、招商引资、接待学习考察等。乡村振兴项目在按照项目流程实施的基础上，也在科层制间的"条""块"穿梭。如H县乡村振兴"六大行动"中的各大项目都在乡村振兴局汇集，年终乡村振兴的考核就需要各大职能部门将所负责实施的项目情况汇总至乡村振兴局，由乡村振兴局负责向上汇报。也由此，在项目制与科层制的双重规制下，"行政科层化的技术治理实际上产生了一种合法化的双重效应：一方面，在程序技术上，行政的规范化奠定了科层化体系的合理性原则，行政目标和责任得以逐步落实在经过专业设计的指标体系上，从而获得行政过程的程序合法化基础；另一方面，行政的规范化也很容易转化成为工具化的经营技术，将政府的寻租行为形式化地包装成为治理行为，用'事本'逻辑来表面地替代利益逻辑"②。

---

① 荣敬本、崔之元、王拴正、高新军、何增科、杨雪冬等：《从压力型体制向民主合作体制的转变——县乡两级政治体制改革》，中央编译出版社，1998，第108页。

② 渠敬东、周飞舟、应星：《从总体支配到技术治理——基于中国30年改革经验的社会学分析》，《中国社会科学》2009年第6期，第104~127页。

第五章 项目制下县域行政运行的优化

从脱贫攻坚时期的扶贫项目到乡村振兴项目化运作的困境及产生根源来看，县域项目化运作困境的破解不仅需要从项目运作的规划、项目运作过程的监督等项目制本身的完善方面入手，还需要从基层治理的宏观视角出发，从基层各主体结构、基层利益格局、基层政府各层级主体间关系等方面进行突破，实现项目运作与基层治理的良好"互嵌"，将项目运作与基层治理有效衔接起来。

第一节 项目制的制度性"耗散"优化

项目运作的制度性"耗散"是指项目运作流程在法律与制度的范围内进行，但由于客观上治理技术的局限和人的有限理性等造成项目进度缓慢、项目资金滞留、项目效益不高、项目目标偏差等现象。这种"耗散"是遵循制度安排下的"耗散"，虽然未违反法律法规，但不能实现项目资源的有效配置，因而有可能达不到项目的目标期许。因此，项目的制度性"耗散"优化也更多从项目制和科层制流程中去完善。

一 精简项目流程

项目流程本身的繁杂性和各流程之间的衔接环节复杂给项目带来巨大的时间成本消耗，在项目论证、申报、实施、审计等各环节需要耗费大量的时间。项目流程程序多，整套项目流程走下来得经历 13 道程序，每道程序本身所耗费的时间也较长。脱贫攻坚时期，扶贫原本是一项时间非常紧迫的政治任务，事关能否如期全面建成小康社会，但扶贫项目不同阶段繁杂的流程消耗了基层政府、扶贫干部和村干部的大量时间，造成人力资源的隐形损耗。在乡村振兴战略下，乡村振兴项目仍需要精简流程以提高项目效率。

在项目规划制定阶段，各部门综合协调的时间消耗。该阶段主要是成立项目库，需要协调各行政村之间、各乡镇之间、各县之间的利益。项目库建立由县委、县政府担任总设计与总指导的角色，各职能部门负责具体指导，乡镇、行政村具体申报，市、省、中央逐级审批。乡镇或行政村在汇报项目前，先在全村或全乡镇摸底、排查。乡镇召开班子会议、各科室会议，行政村则召开村委会会议和村民大会多方收集信息，尽可能地将民众所需纳入项目申报材料中，并汇总至对应的职能局。在县级层面，县委办、县政府办、县政协办、县人大办（即通俗意义上的"四大办"）对上报的项目进行审议；在"四大办"对项目草案的合政策法规性、合县域实际性、合部门综合利益性等审查的基础上，由县委集中召开会议来协商讨论以形成最后的项目库定稿。最后，再层层上报市（州）、省、中央等审批。

在项目酝酿与申报阶段，多主体竞争加重时间消耗。多个申报主体的激烈竞争和县域内外的多领域竞争加剧了项目申报的利益博弈与平衡，增加了申报的时间成本。县域各项目申报存在多元主体，县各职能部门、乡镇、行政村、个人、企业等都可以申报项目。项目库建立阶段的项目上报只是项目数量和基本情况的汇总，具体转化为可操作、可执行的成熟项目还需要对项目进行论证、评审和审批。竞争类项目和非竞争类项目都需要经历层层上报、层层审批，还需经历召开项目评审会、专家打分等流程，申报项目的规模和资金数量越庞大，项目比较和选择的时间也就越长。

项目实施阶段转包与资金审批的时间消耗。项目承包、资金拨付、开工许可是项目实施中的必经阶段。项目转包是项目实施中的关键环节，项目都是由工程队和相应的中标公司来承担具体施工的。按照50万元以上项目的招投标由各自部门依据规定在部门网站上进行项目公开招投标的规定，公开招投标公示时间也需要纳入项目流程中。50万元以下的项目则大部分由小型公司及相应的包工队负责。对于小型项目也可以自行施工，但由于缺乏专业的施工设备和人员，工程进展相对缓慢。而且项目资金是按实施进度来拨付的，工程完成多少支付多少资金，一般按总工程款的50%、30%、20%分三次进行资金的拨付。自行施工的项目也需要注册相关的公司，才能够申报项目资金。再者，项目实施需要先拿到"开工许可证"。只有拿到住建、生态环境、自然资源等部门的各项合格手续才具备动工的资格，而且每一样手续都不能缺少。同时，资金拨付由于需要各项手续，在H县普遍存在到了2019年8月仍有2016年、2017年等的项目资金未付清的情况。

项目验收与运营时，多部门审核的时间消耗。项目验收需要对项目合格情况、项目与申报书的吻合度、项目资金使用情况等进行评估、审计。项目验收分为两种：一种是向上申报的竞争类项目主要接受上级部门的验收，另一种是县域内的项目一般接受来自县域项目主管部门的验收。由《H县扶贫开发办扶贫项目验收流程》可知，H县扶贫项目的验收流程主要包括：项目完工后，项目实施单位组织相关人员自评验收；项目实施单位向扶贫开发办提请项目验收（报告）；扶贫开发办依据报告查验项目资料；扶贫开发办根据项目实施方案的明细条款现场点验。各流程之间的衔接度非常高，如果前面一个流程不完成则下一流程不能进行。

完善项目流程制度，为项目运作提供制度安排。加强项目规划、立项、实施、评估、运营等各流程的制度安排，保证各流程有效衔接。以脱贫攻坚与乡村振兴项目衔接为例：首先，加强项目的精准对接，形成常态化的项目论证机制，多维评估项目衔接的科学性、合理性、效益性；其次，增加多元化的项目供给主体，企业家、党政干部、专家学者、医生、教师、规划师、建筑师、律师、技能人才等都可以成为项目的人才支撑；再次，强化项目的精准管控，加强扶贫项目与乡村振兴项目衔接的信息化追踪，防止项目对接的目标偏离；最后，实行项目的精准考核，考虑引入第三方考核、交叉考核等方式，增加考核的公正性与有效性。

二 精准分配项目资金

项目从无到有再到最后的落地需要强大的资金支持。项目在未立项前即需要垫付大量的资金，即使后期项目未成功立项，该部分的项目资金也需要项目申报部门支付。如若项目立项成功，则可以从项目经费中抽取 25% 作为项目前期筹备的费用。但不是每一个项目均可以成功立项的，项目的前期"跑动"给项目申报部门增加了一定的负担。

项目前期的酝酿与论证已经带来大量的资金消耗。项目前期论证需要请相关专家进行技术分析、实地测绘和现场评估。为了提高项目获批的可能性，一般需要请企业或者其他中介机构做项目的规划书。H 县发展与改革局项目负责人说："一般项目的规划书和论证书都是请外单位做，我们就请了省社科院来给我们做项目规划，仅前期的项目测绘、设计就花了 10 万多元。"[1]项目规划书还需要与政府各部门、项目的合作企业反复进行协商，多次改动后才确定最后的定稿，整个过程产生大量会议费、专家评审费、材料费等资金消耗。

项目申报时的向上"跑动"也会耗费大量资金。竞争类项目需要各申报主体向省一级、国家一级"跑"项目。申报主体需要把项目申报材料、论证设计等向各有关部门汇报，"跑动"期间产生的资

---

① 源自访谈记录，访谈对象是 H 县发展和改革局项目办主任麻某，访谈日期为 2017 年 3 月 25 日。

金消耗也是由各负责部门自行垫付。非竞争类项目需要乡镇、行政村申报，县城与乡村之间的来回"跑动"对于偏远山村来说，一来一回需要的时间成本和费用也不可忽视，对于集体经济收入普遍为零的乡村来说承受能力更是有限。由于中央下拨的项目资金只对项目进行导向性和约束性的规定，如中央下拨的农田水利项目资金只规定了资金用途，具体水利项目落地到哪个村、项目如何规划，在实际运行过程中有较大的可操作性。县一级行政在项目库确立后可以依据国家大政方针的变化、各职能局资金政策的增加与调整、领导的调度等进行不超过20%的项目数量变动。"跑项目"成为普遍的现象，不同县、不同乡镇、不同村之间的横向竞争都加剧了项目"跑动"的激烈程度，也使项目前期的成本大大增加。

三　精细项目管理

项目的实施离不开有效的管理和调度，成立项目指挥部是各县管理项目的主要方式。H县的项目指挥部是项目协调的主要机构。除此之外，H县还设立了大量议事协调机构，包括各种名目的临时办公室等。由于县级层面缺少能够协调、调度整个项目的职能部门，临时成立机构围绕项目实施安排专门的领导，抽调人员组成专门班子，调集各方面的资源和力量，成为项目制下项目推进的普遍措施。项目实施过程中会受到来自各方的阻力，而各部门各自为政、相互平级，难以协调项目开展过程中遇到的各种问题，如征地拆迁、阻工闹工等问题需要协调多个部门与多方力量共同解决。而且就同一类型的项目来说其来源非常广，多个部门都有申请的资格与权限，如农田水利的渠道修整项目，县财政局农业发展办、县烟草公司、县以工代赈办都拥有该类项目的审批权以及专项资金。但各部门间不存在领导与被领导关系，并且各部门都有为了各自部门的业绩和部门发展而多争取项目的意图。因此，部门间的项目争取也容易使项目推进受阻、项目管理难等问题出现，如若没有项目协调部门，项目可能难以推进。

项目指挥部相当于临时的综合办公机构，为县各部门联合办公提供了平台，也为项目的建设公司提供了与政府部门衔接的专门窗口。在整个项目建设过程中，项目指挥部是项目的日常协调机构，负责日常的项目管理及执行县委、县政府的决议。县委、县政府对项目的领导与指挥也始终贯穿于项目整个运作过程中。但增设临时机构、抽调人员则使原单位产生人员的缺口。在此情况下，原单位往往会通过招聘新的工作人员或聘用临时工等方式进行弥补，如此一来又造成人员增加和财政负担加重的后果。

除此之外，为了防止项目实施偏离预期目标，还成立专门的项目监管部门。项目监管一方面是对项目实施过程中的工程质量、进度、规格等的技术性与效果方面的监管；另一方面是对项目资金使用的监管。项目监管的部门涉及县监察委员会、县政府办的督查室、县发改局的项目管理稽查股和重点项目建设办公室、县审计局、县财政局的财政投资评审中心和县财政监督检查股。同时，项目监管需要多部门的协调配合，大多数情况下同一项目的监管需要多部门共同协作。

同时，做好项目精准衔接，以扶贫项目与乡村振兴项目的精准衔接为例，要因地制宜，把好项目资源的脉。在摸清项目资产底数与性质的基础上，充分结合各村实际与项目发展现状，制订各村有特色的项目提档升级方案。项目同质化是当前乡村振兴推进过程中出现的一大问题，尤其以乡村旅游产业最为突出。由于乡村旅游能够快速、有效地带来经济收益，且也可以吸纳大量的村民参与进来，有效地解决村民家门口就业的问题。乡村旅游产业就如雨后春笋般在各大乡村涌现，也成为各级党委、政府发展产业振兴的一大重点工程。但现实的情况是各村都有了旅游产业，也投入了大量的人力、物力、财力用于修建乡村旅游设施等，结果是各村没有自身特色，都存在景区小、差异度不高的情况，且各类旅游配套设施不齐全，留不住游客也难以满足游客更高层次的旅游需求。最后导致景区废弃，不仅浪费了乡村振兴资源，而且使村民对项目的信任度降低。

第二节　项目制的非制度性"耗散"优化

项目的非制度性"耗散"是指在项目正式制度规定的运作流程外，产生的套取、虚报、挪用项目资金，删减项目流程，偷工减料等项目违规运作等现象。项目运作过程中非制度性"耗散"造成项目效益受损的情况大量存在，而且很多项目在规划制定阶段就已经为项目的效益低下埋下隐患。项目运作各环节的非制度性"耗散"导致民众普遍对项目工程不满、对政府实施的项目失去信任。而且，有些非制度性"耗散"较为隐蔽，虽不是严重的项目违规，但会影响项目的整体效益。因此，项目中的非制度性"耗散"给项目的实施带来较大不良影响，是项目县域"耗散"中的核心因素。

一　调查分析，做好项目整体规划与分配

针对项目资源与需求不均衡的问题，需要加强对区县实际的调研，制定与区县实际相结合的项目，提高项目的精准性和合理性。在充分分析村民的实际发展需要、乡村的自然禀赋等基础上，结合区县、乡镇的发展布局与定位，制定有助于乡村发展的项目整体规划。在项目整体规划制定基础上，做好项目分配与调整。项目的长期规划主要表现在区县项目库的建立上。区县要做好充分的调研工作，发动各主体积极申报项目，根据国家战略和区县实际将有利于区县发展和乡村振兴的项目纳入项目库。及时把项目的长期规划有效地转化为区县的年度计划。同时，注重农村基础设施项目的投入，加强农村基础设施建设也是发达国家农村发展的基本经验。

项目库的实施需要综合区县整体发展、做好项目的优先安排

与均衡分配，为乡村振兴项目的有效推进提供良好的环境。破解乡村振兴项目化运作的困境应以多元利益协调为重点，平衡与协调不同利益主体的利益关系，吸纳不同主体的利益诉求。项目分配正是均衡基层各主体利益，实现各主体充分发展的重要环节。因此，政府应加强各部门的信息共享，加强与乡镇、村的沟通与互动，畅通"条条"之间的信息，实现项目分配过程的信息互通，防止项目资源分配的重复与浪费。乡镇、村一级行政应加强与县一级行政的沟通，及时反馈乡镇与村发展需求，做好村民的需求调查，为项目实施积极创造条件，保证项目早落地、早见效。企业、社会组织等应在充分调研乡镇、村发展需求的基础上，加强与政府部门协作，实现项目供给主体的多元化。

二 统筹整合，提高项目利益协调能力

基层利益关系的协调能够为乡村振兴项目提供良好的实施条件，及时化解实施过程中的矛盾，保障项目利益惠及项目对象。基层治理本质上是对基层各主体的利益进行协调与重组，使多元的利益诉求与不断发展的社会现实相适应。基层利益关系协调需要从政府、非政府组织、个人等多元治理主体协同治理入手。党的十九大报告指出："打造共建共治共享的社会治理格局。加强社会治理制度建设，完善党委领导、政府负责、社会协同、公众参与、法治保障的社会治理体制，提高社会治理社会化、法治化、智能化、专业化水平。"党的二十大报告进一步强调："健全共建共治共享的社会治理制度，提升社会治理效能。"因此，基层利益关系的协调在于提高党委领导能力、提升政府的县域统筹能力、加强社会协同水平、保障公众的有效参与、增强项目法治保障，加强项目制度建设。

首先是需要强化党委对项目的政治领导。"政府通过党系统将扶贫上升为政治任务，通过行政系统以行政命令、督查、考核及分派扶贫驻村工作队的方式将扶贫任务下放到村一级并主要借助村"两

委"的力量将扶贫资源送至贫困人口，从而完成资源下乡与公共服务提供的整个过程。"①基层政府要处理的事务繁多，一般情况下基层政府会将重要的事务上升为党委的政治任务，从而在行政系统中以高度重视的政治态度来推行。因此，在协调基层利益中离不开党委作为政治性机构对基层利益的调解和分配，在行政部门、民众利益需要调解时，党委机关可作为重要的政治机构，从政治高度对利益进行分配。

其次是政府职能部门的利益关系协调。"领导小组的出现，既解决了在众多项目中部门间各行其是注意力分散，资源整合难度大的问题，又能强化项目运作所需的权威，更高效强力地推进各项事宜，完成更高难度的领导、协调、组织、沟通任务。"②当前，成立领导小组是基层推进项目和协调部门利益的重要方式。在 H 县 J 区成立的振兴办正是协调乡村振兴工作的重要部门。由于乡村振兴涉及人才、组织、产业、文化、生态五大方面的振兴，而五大振兴又具体由相应职能部门负责，各职能部门大多是根据上级对应的部门要求来推进乡村振兴工作，因此部门之间的利益协调工作就需要由振兴办这类统筹协调部门来承担。

最后是社会组织、利益团体与个人利益的协调。从基层治理现代化视角来看，实现公共服务的有效供给是未来社会发展的重要特点。社会组织是不同于企业的非营利组织，为社会提供多元化的公共服务是社会组织的重要职能。团体利益是指介于正式的组织利益以及原子化的个人利益之间的利益类型。利益团体是由于某种共同利益需要而组成的非正式利益集合，具有临时性与非正式性。基层中的行业协会、民间社团、村民合作社等都可以纳入该类团体的范

---

① 吴映雪：《精准扶贫的多元协同治理：现状、困境与出路——基层治理现代化视角下的考察》，《青海社会科学》2018 年第 3 期，第 120~126 页。

② 邓岩：《领导小组如何推动项目制在地方层面的落实？——以 N 市"白河整改"项目为例》，《政府治理评论》2018 年第 2 期，第 153~166 页。

畴。随着基层社会的发展，各类新兴社会力量不断涌现，在正式的组织之外基于共同利益需要而临时发展起来的各类团体是基层治理需要着重考虑的新兴利益团体。个人利益是最多元也是涉及面最广的利益，个人基于自身需要会产生多元化的利益需求，并且在自身利益需求的基础上还会组成利益同盟，由个人利益变成团体利益。同时，不同组织的个人也会从组织利益出发为组织谋取利益，进而从组织利益中获得个人利益。因此，需要加强项目对各类利益群体的动员，及时吸纳多元化的利益诉求。

三 多元参与，强化项目监督

强化监督主体的监督权力、加强项目各流程的监督、壮大社会组织力量、推动村民有序的制度化参与是加强乡村振兴项目监督的重要着力点。

首先，针对当前项目监督不足的情况，需要强化人员配备、采取项目建设信息定时上报制度，保证监督部门及时了解项目的实施情况。定期组织召开项目协调推进会、加强项目的日常督查与实地检查。同时，及时反馈项目建设与督查信息，采取排名、打分等竞争制度，在整个区域内公布项目建设情况，以信息公开的方式加强项目管理部门与项目建设方的管理，使项目建设处于监督与建设并行的信息公开之下。在加强项目流程的监督上，强化项目申报的前期监督，对项目申报、项目审核等层层把关，防止虚报项目资金、项目质量不高等情况的出现。在项目实施中，及时查找项目"发包""转包"中的利益合谋与分利秩序的情况，保证项目的公平公开。在项目验收中，引入第三方机构对项目进行严格的质量审核，强化第三方监督，保证项目的合格验收。同时，在项目转交运营后期也要加强项目的跟踪工作。

其次，扩大村民有序参与是强化项目监督的重要力量。村民参与和监督意识的觉醒能不断推进村民参与，进而有利于多元社会的发展与现代治理格局的形成。随着社会多元利益主体及新兴利益群体的出现，村民参与意识的觉醒是未来社会发展的必然，也是社会治理现代化的题中应有之义。参与意识背后是村民对自身利益以及权利实现的需求，也是现代社会中权利本位的体现。因此，破解乡村振兴项目化运作的困境需要培育村民的参与意识和提高参与能力，并积极拓宽村民参与的制度化渠道。

最后，吸纳社会组织参与项目监督。社会组织能够将原子化的个人需要形成组织化的利益，从而实现基层公共服务的有效提供。从参与方式上看，村民有基于兴趣、利益等组织起来的各类组织，使这些组织形成制度化、组织化的参与，对乡村振兴项目运作的整体效果提升影响更大。从参与效果来看，以社会组织为载体的村民参与能够防止参与混乱和无效参与的出现，而参与效果的提高能强化项目的监督，也能够提升整个乡村振兴项目的效能。政府、社会组织等都是乡村公共服务提供者，为村民提供最优质的公共服务是实现乡村振兴的重要基础。整体来看，以扩大村民参与度为整体取向的利益化解方法、以壮大社会组织为载体的基层发展方向，可以在动员广大村民参与项目监督的同时，也及时了解村民的利益需求，将矛盾以制度化的方式进行有效化解，从而实现乡村振兴资源的有效供给。

四 条块互通，优化条块关系

首先，通过优化条块关系，增强项目在政府各部门与各层级之间的流动。"中央项目申请和下放原则上不能越级，需要走完多个层级，每级块块不是简单的传递者，而是有其自身的目标追求、财政程序及利益诉求，再加上每级块块及其分支条条也有自身的项目诉求和资金安排，从而产生大量耗散，即使源头资金较为庞大，发包到最终项目承担者那里也高度分散化了。"[1] 因此，乡村振兴项目

---

[1] 史普原、李晨行：《从碎片到统合：项目制治理中的条块关系》，《社会科学》2021年第7期，第85~95页。

的有效推进需要加强部门协作。"在项目资源下乡背景下,'条条管理'部门掌握了大量的专项资金审批权限,形成相对于县域基层属地政府的权力资源优势,使得县域政府的自主决策空间被大大压缩。因此,县政府在进行乡村振兴决策时常常面临多重掣肘。"① 政府要有效发挥统筹协调作用,实现部门之间的信息共享。同时,加强同一层级"块块"的统合权,防止各部门在"条条"的管理上各自为政。对于基层政府而言,加强基层党委、政府的统筹整合权,从资金管理、项目权力上实现条块的有效互动,并且在考核上,合并不同部门、不同层级对区县项目的多重考核,避免考核所导致的部门分割。

其次,通过政策激励,弥合科层制与项目制之间的嵌入不足。在政策激励上,根据项目实行情况对项目实施主体进行激励,调动项目各主体的积极性。在 J 区,"五十百"工程建立的是竞争性的激励机制,对于获得奖励资助的示范村和试验村实行动态管理,在三年建设周期完成后,由区振兴办会同区财政局、区交委、区建委、区城市管理局、区卫生健康委、区生态环境局、区民政局等单位开展评比表彰工作,评出 2 个优秀综合示范村、2 个优秀单项示范村、12 个优秀整治村,区政府分别按各村三年安排资金总额的 10% 给予奖励。而评比优秀示范村的重要指标就是各村项目完成的优秀程度,即项目的完成情况是否达到了项目申报时的承诺,是否实现了乡村的有效振兴。而项目的完成情况则是需要通过项目验收来评判的,项目实施的进度、质量、资金用途是否改变都成为项目验收参考的重要指标。

最后,在问责上通过收回项目资金、追究责任、取消项目申报资格等方式对项目实施不佳的情况进行管理。项目腐败是基层腐败领域的集中区,套取、骗取、挪用、截留项目中的资金成为项目实

---

① 田先红:《论乡村振兴的县域自主性》,《新疆师范大学学报》(哲学社会科学版) 2021年第 3 期,第 89~99 页。

施中遇到的普遍问题。在 J 区，普遍面临的问题是项目在实施过程中资金用途、项目实施地点、实施对象发生改变的现象。如原本申报用于村貌提升的项目却被用于修建村级道路，可是路已经修好了又不能把路挖掉。在这种情况下，J 区不得不采取折中的处理手段，给予警告：如若以后出现类似情况则把资金收回。也因此，在后期项目资金下拨过程中，文件更明确地强调项目主管部门与财政局要跟踪项目资金使用，对未按规定要求使用、拨付资金和报送资料的将收回资金并通报，情节严重的将追究相关人员责任。

第三节　县域行政的结构优化

一　县域权力的制度化

"县域政治中最为核心的是县域权力，县域权力的配置以及组合方式，决定了县域各权力主体的实质性权力大小，影响县域治理方式，最终体现出县域治理水平如何。"[①] 因此，要实现县域治理的最优化必须在最核心的县域公权力上进行规范。我们在前文的分析中也得出县域行政的法制化与规范化是县域治理实现的重要前提，因此对县域行政的规范主要是指项目制下县域行政的法制化与制度化，具体从县域行政的正式权力与项目制下所形成的非正式权力两方面着手，分别对两种权力的运行进行规范。

（一）正式权力

正式权力主要是指县域行政所拥有的组织指挥权、决策决定权、财政权、人事权、执法权、审批权等，也是县域行政在展开县域治理时的主要权力体现，图 5-1 中展现了县域行政所拥有的主要权力类型。

---

① 袁南昌：《县域治理的政治基础——以 XW 县为例》，硕士学位论文，南昌大学，2017，第 56 页。

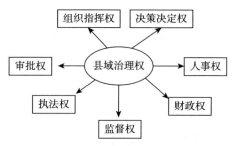

图 5-1 县域行政所拥有的主要权力类型

一是组织指挥权。组织指挥权是宏观统筹协调方面的权力，该权力在县域属于权重较重的权力，主要对县域各部门、乡镇、村等大型的重点项目与县域重大事项进行组织指挥。该权力一般由县级领导、县"四大办"、县重要部门以及县一级组成的重要指挥部与协调机构所掌握。

二是决策决定权。决策决定权是对县域发展、县域及各部门重大事项等各类事项的决策与决定权。该权力对于县域的宏观发展及治理事项的最终确定至关重要，也是部门领导力与统筹能力的重要体现。

三是人事权。人事权包括人事录用、任免、考核、晋升、调动等与干部任用有关的权力。在县域一般由党委系统下的组织部、政府行政系统下的人社部门具体负责。人事权也是县域正式权力中的重要一项，因为人事权力关系到个人的升迁、发展与调动，也关系到整个公权力系统的活力与稳定。

四是执法权。执法权与管理权等权力相对应，负责权力的具体执行。在我国大部分的行政法规与规章中均规定了执法权是由县一级部门所拥有，乡镇一级基本上没有执法权。从而造成了乡镇的被动与服从地位。

五是审批权。审批权是指行政审批的权力，各项社会活动与行政活动的开展需要进行行政审批。政府各职能局法定权力的规定中对于行政审批权做了较为详细的规定。

六是财政权。财政权关乎整个县域资金的管理与具体拨付工作，县财政局是县财政的专门管理部门，负责县一级、乡镇一级、村一级财政相关管理工作。虽然县财政局主管着整个县域的资金拨付与统筹工作，但资金在具体的使用与各项支出中则需要按严格的流程与程序来进行。在该过程中，领导签字、项目验收、纪检监察等每一个流程都不能少，县域资金受到来自各部门的严格管理。而乡镇一级财政实行"乡财县管"，因此乡镇一级无自主的财政权。村一级由于近些年来村"两委"工资纳入财政拨付以及村年终考核由县一级财政进行奖励，村的财政权基本上由县一级掌握，只是在具体的村务支出上则由各村按各村实际执行。

七是监督权。监督权是对项目各流程的监督与检查权力。目前，县域中党委系统的纪委、政府系统中各职能局下设的督察与评审股室等对项目行使监督权。监督权的行使用于保障项目运作各环节按进度、按要求推进。

县域中的各项权力是由法律、法规赋予的，是具有合法性与合理性的正当权力，县域各机构与部门按法定规定执行本部门的权力。以上这些权力并不是独立运行的，而是彼此之间相互交织、关联，共同推进着整个县域的治理。

（二）项目权力

项目权力相对于正式权力而言具有非正式性，是正式权力围绕项目在具体运作时所形成的一种权力。项目制下项目权力对整个县域正式权力的影响较大，往往县域大量的人、财、物等都会因为项目权力的存在而"轻视"正式权力，并且大部分县域事务的解决单靠正式权力是难以实现的。也正因如此，正式权力往往需要与项目权力良好结合。比如在项目建设的征地拆迁中，按照正常流程来看，项目建设主管部门在项目报批过程中提出用地计划，在项目审批后提出项目用地需求，交自然资源和住建部门去做就行了。但事实是，各地往往需要组建庞大的征地拆迁队伍，否则，光靠少数几个部门是无法达成预期目标的。

因此，县域权力的规范需要将正式权力与非正式的项目权力有效结合起来，将科层制与项目制有效结合，将科层制的高效、规范与项目制的灵活、变通有机结合，并以明确的法律、法规与制度等实现两种权力的制度化与法制化。具体来看，科层制的正式权力中需要实现：一是各部门的权责对等，保证管理权与执行权相对应；二是增强部门间的分工合作，破除部门壁垒；三是增加科层层级中的互动与交流，加强上下之间的联动。项目制非正式权力中包括项目策划、项目比选、项目决定、项目实施、项目监管、项目评价，对项目权力的规范需要重点对项目运作的各流程进行规范。项目制是一种将项目运作中的种种"技术"运用至政府管理的一种"技术治国"方式，项目制的规范也应当从项目申报、实施、监管、验收中的种种技术环节予以严格规范。在此前提下，科层制中的正式权力既能按照项目运作的严格规范来运行，又能极大地降低权力寻租的可能。因此，正式权力与非正式权力应该在制度与法律的规定下合理运行，二者之间的矛盾与冲突也能够在规范的框架下解决。在此前提下，县域行政能够得到极大规范。

二　县乡村的权责对等化

（一）部门作为与权力下放

就部门作为来看，县一级行政把控着县域90%以上的重要权力，是县域行政运行中的重要一级。若县一级部门的执行力与作为不够则容易给乡镇、村一级行政运行带来问题，如精准扶贫中教育与医疗项目在下乡过程中就遇到过这种情况。

我是这个村新接手的第一书记，在了解村情况时发现要拿到村里教育、医疗、产业发展等精准扶贫十大政策下的各种资料与扶贫台账非常难，需要到县里一个一个部门的跑。这不就是和县里部门的不作为有关吗，和乡镇要乡镇没有这方面资料，县里下来的钱只是在乡镇里过一下账户，其中具体的信息乡镇也没有。就比如一户贫困户向我反映孩子未享受教育扶贫政策，另一户反映残疾人证一直未办的情况。我在给他们办理信息的时候，一开始我向乡镇汇报了情况，到达乡镇时乡镇也难以查找到相关人员信息，乡镇的人员告诉我应该去各分管该领域的职能局去问。于是我分别向教育局还有县残联上报了情况，才从教育局那里查到了档案，又费了很大劲才办了残疾人证。你说我还是一名第一书记办事都这么难，更何况老百姓呢，并且这位残疾人还是70多岁的眼睛有残疾的老人，我帮他办理证件都来回跑了很多趟。如果每个部门及时向乡镇提供部门的扶贫对象情况和信息，乡镇那里有存档，我们工作起来不就容易得多。县里各部门各自管理着自己的信息，下面一级向上一级办事就非常受限制。

访谈对象：H县太村扶贫第一书记

访谈日期：2017年8月6日

由此可见，部门之间的信息共享与积极作为对于项目的顺利推进有着重要作用，部门应该加强本部门职责范围内的工作与其他部门间信息的共享，加强与乡镇、村的沟通与互动，增强"条条"之间信息的畅通性。

就权力下放来看，将项目审批权与建设权向乡镇及村一级适度下放。因为乡镇与村一级对本乡镇与村辖区内的事务更为熟悉，能够结合本地实际批复有利于本地区发展的项目，并且还可以减少县一级对项目分配不均现象的发生。同时，也可以加强项目的管理，以减轻县一级各部门繁重的项目任务。

（二）乡镇的权责对等

在县、乡镇、村三级中，乡镇权责不对等的情况最为突出，乡镇一级行政成为县一级的"过渡"型行政。乡镇一级只是县各部门各项任务落实的过渡，乡镇无实际的执法权与财政权，但承担着大量的责任。因此，县域行政运行的优化有赖于乡镇执法权与实际项目审批权的加大，真正发挥乡镇行政在项目建设、公共服务提供中的重要作用，发挥乡镇作为县与乡镇一级"中介"行政的重要地位。具体包括减少一些不必要的上级考核、增强乡镇的自主性、明确县与乡镇的责任分配。乡镇一级需要针对乡镇情况增加自身管理本乡镇事务的自主性。因此，应减少不同部门、不同层级对乡镇的多重考核，同时县级部门在加强自身作为的同时放宽乡镇的管理权。特别是应针对不同乡镇的实际情况采取不同的管理方式，如笔者在调研中发现作为城关镇的花镇占据了全县 1/3 的人口，但花镇的人员编制、领导级别待遇等都与其他人口数少的乡镇并无差别。花镇承担着较之其他乡镇多几倍的人口与管理压力，可以在乡镇人员配置、事务权力上有与之相对应的管理权限。

（三）强化村民自治

在城镇化的进程中，乡村面临空心化、留守儿童等一系列问题，并且工业反哺农业、新农村建设、乡村振兴、精准扶贫等也需要大量的人员对乡村进行管理。从前文的调研中我们也看到，大量的项目下乡与行政事务下沉在一定程度上消减了乡村的自治。但从未来看，现状对乡村的未来发展以及国家治理现代化都是不利的，并且也会带来管理成本的进一步增加与治理能力的减弱。国家行政对村一级的掌控与管理强度较大，村民自治亟须壮大以将国家行政的治理与村民自治有效结合起来，实现二者的良性互动。

综上所述，县、乡镇、村之间权责对等的最优状态应该是将现有的县一级强势、乡镇与村弱势的情况进行改善，强化乡镇与村的力量。县、乡镇、村三个主体力量均衡发展的态势才是未来县域行政运行应有的状态。

三 科层制与项目制的有机融合

科层制与项目制的有机融合是提升县域行政运作效率的重要举措。从H县实践来看，项目规划、分配、实施、验收所体现出的特征正是科层制与项目制双重规制的结果。一方面，从项目流程角度优化科层制的机构设置，加强各职能部门与项目流程的配备，梳理项目流程、理顺部门职能。图5-2展示了县域项目制运作流程及主要涉及主体（机构），项目各流程环环相扣，应加强各部门的信息沟通与共享，建设信息共享与职能互通的平台，增强项目的流程对接。

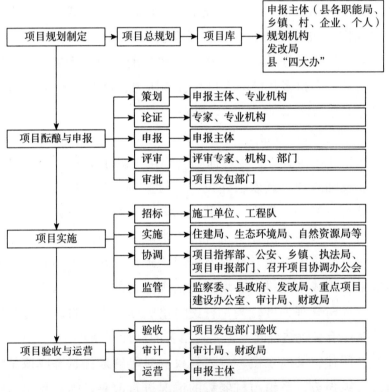

图5-2 县域项目制运作流程及主要涉及主体（机构）

另一方面，加强县域的项目统筹协调能力，特别是围绕县域重点工作成立的领导小组的领导能力。以J区振兴办的机构设置与其他职能部门的互动来看，图 5-3 展示了振兴办的层级设置与人员配备，负责乡村振兴日常推进工作的振兴办是在区委、区政府的领导下开展工作的，基本上重大事项如"五十百"工程项目立项与资金拨付需要通过政府常务会的批准同意，再以振兴办的名义下发。J 区振兴办综合协调组的职能为：一是对上负责对接市委振兴办，完成市委交办的任务；二是与本区内协调成员单位共同完成乡振办的工作。因此，在加强领导小组内部机构设置与人员配备的同时，也要从制度与财力上保证领导小组的统筹协调能力。

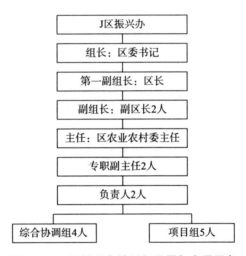

图 5-3　J 区振兴办的层级设置与人员配备

第六章　项目制下县域行政运行与县域治理优化：治理现代化的视角

　　通过前文的论证考察我们发现项目在给县域带来发展与提供公共服务的同时，也产生了新的治理问题，给县域的进一步发展带来了新的挑战，并且在对问题产生原因的分析中还得出，该类问题不仅来自项目本身，更深层次的原因在于体制与制度的弊端。那么，如何利用好项目进行县域治理、如何应对当前项目制下的问题，如何从体制与制度源头提出优化对策都关乎着县域治理的未来。因此，本章依据项目制中反映出来的深层次问题，从实现县域行政运行与县域治理优化层面提出问题对策。由于县域治理是在现代化的历史进程中展开的，县域中的问题属于现代化进程中的一部分，城镇化、产业化、市场化等都是问题产生的大背景，并且我国的执政党也把"治理现代化"作为执政的主要指导理念。自党的十八届三中全会后，"治理现代化"更是与"四个现代化"①并称为国家的"第五个现代化"。因此，本章以治理现代化为视角切入，将治理现代化理论作为分析的依据，在理论应然状态的指导下提出县域行政运行及县域治理优化的对策建议。

---

① "四个现代化"是指 1960 年我国确立的"工业现代化、农业现代化、国防现代化、科学技术现代化"。

第一节　县域治理的现代化目标

依照治理现代化理论，治理的现代化是在治理主体、治理方式、治理格局达到多元、协商、平等基础上的多主体协同共治。以此为标准，结合县域治理特征，以下三个层面的规定为县域治理的现代化提供了宏观上的治理目标指引。

一　县域治理主体多元

治理现代化中政府、社会、市场、公民均属于治理的主体，各主体各司其职，在自身所属领域内作为治理主体而展开治理。首先，在县域中，县域行政是治理的最重要主体，特别是在中西部落后地区的脱贫县。这些地区市场经济不发达、经济水平低、无大型的企业与工业，整个县域主要依赖中央的转移支付，地方的自主性由于财力不足而受到极大限制。整个县域系统中县域行政从治理权威、治理资金、治理方式上都体现出强大的治理力量。

其次，县域行政外的市场是治理的又一重要主体。改革开放后，市场经济取代计划经济与商品经济成为资源配置的主要方式，整个县域的多数资源是由市场按商品价值与价格所形成的市场规律来进行配置的。县域行政也遵循市场规律的原则，只充当"有形的手"在市场配置出现问题时进行相应的宏观调控。在市场中，企业、投资商等资本拥有者是市场运行的重要主体，整个市场领域主要受该类主体运作的影响。县域中的本地龙头企业、招商引资的外来企业以及各类型的小企业都可能成为县域治理的主体，同时本地投资商、外地投资商、私营企业主等也是市场运作中必不可少的部分。

最后，第三类治理主体为社会领域的社会组织和个人。在沿海的经济发达地区，社会组织发育成熟，组织运行规范；同时民众参与意识高、治理能力强，在一定程度上承担了治理工作。因此，应然状态下县域治理的主体是多元的，各类主体都可以成为治理的重要主体。

二 县域治理方式协同

在多元治理主体下，县域治理方式应当为多元协同的治理。多元是指治理主体的多样化，协同是强调治理方式的合作与协商共治。从协同治理的治理内容来看，县域中各主体的协商共治是针对县域具体事物的治理，针对县域中政治、经济、文化、社会等各类问题全方位的治理。从协同治理的方式来看，民主、合作、协商是各主体治理的主要原则，各主体在地位平等的前提下，在治理事务中共同协商，以合作对话的形式实现治理目标。在治理的现代化下，"治理更强调平等、互动、协商和博弈，超越了原有科层体制下的对抗格局"[①]，科层制中的强制、服从等治理元素在协同治理中相对弱化。

三 县域共建共治共享

在治理主体多元、治理方式协商的情况下，县域形成了多中心共建共治共享的治理格局。该格局下多元治理形成多元的治理中心、每一中心以自身的治理实力为支撑，整个县域呈现多个治理实力主体并立的格局。随着多中心治理格局的发展，政府单一化的权威得到分散，政府治理受来自市场、社会等的影响。由于现代化进程中新兴势力大量出现，现代化带来的新问题层出不穷，多中心治理格局的包容能力也较强。因此，多中心共建共治共享治理格局是在满足多元主体治理需求、化解多样化治理矛盾中逐渐生成的，也是现代化治理中理论与现实对治理的共同呼吁。

因此，治理现代化理论从理论的应然层面对县域治理的优化

[①] 于江:《国家治理现代化的逻辑理路——基于多元主体协同治理视角》，江苏省第八届学术大会学会专场论文哲学社会类论文汇编，中国会议，2014，第8页。

提出了理论指导，基层治理现代化包括以下内涵：从治理主体来看，强调治理主体的多元化，突破政府一元化的治理格局，突出政府、社会组织、公司、企业、公民等多元治理主体；从治理方式来看，区别于传统的"统治""管理"方式，强调"治理"，突出民主、协商、法治、制度化因素的重要性；从治理格局来看，整个治理呈现的是政府、社会、市场三元共治的治理格局，政府、社会、市场关系平衡且发展良好。整个基层治理的方向和未来发展趋势都是从传统的统治与管理方式向现代的治理方向转化，向着多元主体参与，政府治理方式和职能定位更规范化，权力体系法制化，政府与社会、市场界限更明确的方向发展。

同时，随着项目在现实中扮演着越来越重要的角色，需要将现实中的实践总结为理论，从而进一步指导实践是项目制理论化、政策化的重要命题。因此，应深入把握国家治理体系与治理能力现代化中的重要内容，把握国家现有的治理政策如《中共中央　国务院关于加强基层治理体系和治理能力现代化建设的意见》等，结合项目运作实践将项目平台进行更好的理论诠释与理论提升，与国家治理现代化的大战略结合起来，为项目平台提供强有力的国家政策支撑。

第二节　县域社会治理的优化

项目制下项目成为公共服务提供的重要载体，并且项目不仅包括政府提供的，还包括政府与社会资本合作、政府购买社会主体的公共服务等项目类型。项目已经成为整个社会发展的一种重要模式，项目建设扩展到了公权力系统外的市场、社会等领域。项目对社会组织、企业、投资商、个人等的动员能力也较强。"因此，政府购买服务的项目制运作扩大了项目制的研究边界，项目制不仅是统合上下级政府的治理方式，而且是统合国家和社会的治理机制，项目制成为国家连接社会的一种纽带或机制。"① 由此,项目制下县域治理的优化离不开社会治理领域的优化,社会领域的优化是县域治理优化与现代化的重要组成部分。

一 社会组织培育

(一)县域内社会组织

县域内社会组织是指在县域本土生长与发育的社会组织,该类社会组织更能依据县域公共服务需求而有针对性地提供县域所需的公共服务。当前,社会组织在发达地区的县市发育较好,并且已经成为影响政府治理的社会力量,在公共服务领域发挥着重要作用。而在笔者调研的贫困县 H 县,县域本地化的社会组织数量较少,在县域发挥的作用较小,在社会组织的发展与培育上政府影响较大。在 H 县,县域行政对社会组织的管理工作主要由县民政局负责,县民政局具体负责全县社会组织、社会团体和基金会的登记管理、年检和执法监察,其他县直各部门拥有对各类非政府组织的审查批准权。截至 2016 年底,H 县登记在册的民间组织有 152 个,其中有社会团体 43 个,民办非企业组织 109 个。H 县民政局专门设立了民间组织管理股,对包括社会组织在内的各类民间组织进行专门的管理,其具体职责如下。

> 县民政局民间组织管理股负责全县性社团、基金会、民办非企业单位的登记、管理和年度检查;监督社团活动,查处社团和民办非企业单位的违法行为以及未经登记擅自成立和开展活动的非法民间组织;承担民间组织的信息管理;指导和监督社团、民办非企业单位登记管理工作和执法监察工作;加强社团编制、档案管理,搞好社团的接待咨询工作。

---

① 王清:《项目制、常规制与混合制:对政府购买服务中横向部门差异的分析》,《四川大学学报》(哲学社会科学版) 2016 年第 5 期,第 29 页。

从民政局的管理职责可见，政府对于社会组织注册、日常运转等管理都非常严格。但政府也设立了专门的社会组织培育孵化建设工程，建设社会组织孵化基地，主要培育和优先发展行业协会商会类、科技类、公益慈善类和城乡社区服务类社会组织。同时，也建成了全省社会组织法人单位信息数据库。以上都表明非政府组织在县域内有较好的发展，但发挥的作用仍非常小。笔者在对县域各主管部门领导的访谈中问及"社会组织在县域是如何发挥作用、发挥的作用有多大"这一问题时，各主管部门领导首先对社会组织的职能表示肯定，随后的回答是在当前县域较难看到社会组织发挥的作用。因此，基于对县域社会组织现状以及县域内社会组织公共服务提供质量的考虑，应该加强县域内社会组织的培育，以发挥县域内社会组织在县域治理中的更大作用。

（二）县域外社会组织

县域外社会组织的培育也是有益于县域治理发展的重要力量。县域以外的国内社会组织与国外社会组织一方面发展较为成熟，在公共服务和组织管理上都有成熟的模式与经验，能够提高县域公共服务的整体水平；另一方面通过引进外来的社会组织能够带来大量的公共服务项目，县域也能通过社会组织增加与外界优质资源的联系。以 H 县目前影响最大的社会组织为例，该社会组织的发起人与国外和国内大部分企业、公益人士等有较强的联系，能够争取到较多资源。而且，该社会组织的成员也都具有较高水平的管理能力，有较好的管理经验。因此，自该社会组织在县域"落户"以来，其为县域大部分的农村提供了较多的公共服务。如经其推广的生态农产品、特色小吃、乡村旅游、民族文化等也在全国有一定的影响力，大部分当地人习以为常的农产品、特色食品及即将消失的民族传统工艺等，在该社会组织的帮助下得以发展与推广。可见，县域外社会组织的引入对于当前贫困地区社会治理优化有较大的作用，对于县域政府与社会关系的和谐发展起到了较好的促进作用，还进一步激发了政府对于"如何加强与社会组织间的合作"的探索与思考。

二 完善村民自治

村民自治亦是社会治理领域的一股重要力量,县域社会治理的优化离不开村民自治的良性发展。因此,应该从厘清国家行政权力边界、强化村民自治机构与村民自治能力上来改善当前村民自治的现状,以壮大村民自治的力量。

（一）厘清国家行政权力边界

村民自治的实现需要厘清国家行政权力与村民自治的边界,以为村民自治提供一定的空间。国家行政权力在乡村主要表现为以村党支部委员会为代表的党系统权力以及以政府系统为代表的行政权力。但由于乡村问题多发、治理任务繁重,再加上行政权力建设与公共服务提供的需要,项目制下行政权力愈发向乡村一级下沉。我国有14亿人口而7亿多为农民,即全国大量的人口生活在广阔的农村。如何实现该区域的有效治理,防止国家政权"内卷化"以及乡村混混儿、黑恶势力把控乡村行政权力,都是国家行政权力下沉时需要谨慎处理的问题。村庄当前面临的治理困境是:一方面村民自治的发展需要厘清其与国家行政权力的边界,另一方面又面临乡村领域"权力真空"带来的治理无序问题。也由此,国家行政权力与村民自治之间总是处于一种大小力量的博弈之中。但从长远来看,国家行政权力的收缩、政府职能的转变是未来社会发展的必然,而保持国家政权在乡村的权威,保证其统治地位,化解国家行政权力收缩带来的乡村失序问题,需要村民自治能力的提高。

（二）强化村民自治机构与村民自治能力

当前村民委员会是村民自治的主要机构,村民自治需要借助一定的机构来运转,因此应充分发挥村民委员会的功能,同时又需要防止村民委员会沦为政府的"一条腿"。从调研的实际来看,目前政府对村庄的管理遵循如下原则。一是村民委员会中包含村民议事会和村务监督委员会。村民委员会的人员主要按村小组推荐的原则产生。首先，村庄按村民居住的自然寨来划分村小组，按村小组来推选小组长，并且要保证较少人口的自然寨也有代表。其次，由各小组长推选村民委员会成员。二是村民委员会运作以民主为原则，并且要尽可能地广泛代表与均衡所有村民的意见与利益。三是村党支部对村民委员会进行指导，村支部书记在村民自治中发挥着宏观政策方针的指导作用，并且在政府的各项文件中鼓励与支持村党支部书记兼任村委会委员等职务，也鼓励村党支部成员与村民委员会成员交叉任职。但在实际操作中，村民委员会并未严格按照文件分工进行工作，而是按一些非正式的原则来集体处理村事务。而且，村庄宗族、血缘等家庭势力与村庄自发而生的权威力量对村庄事务的处理影响较大。因此，村民委员会作为村民的自治机构需要将村庄原生的治理力量与正式的治理权威有效组合，以有效地化解村庄的纠纷与矛盾，进而促进村庄的发展。

三　扩大公众参与

（一）增强公众参与意识

公众参与是推动社会治理优化的重要力量，也是社会发展与利益诉求多元化的重要体现。只有公众意识的觉醒才能不断推进公众参与，进而有利于多元社会的发展与现代治理格局的形成。随着社会多元利益主体及新兴利益群体的出现，公众参与意识的觉醒是社会发展的必然，也是社会治理中必须考虑的问题。参与意识背后是公众对自身利益以及权利实现的诉求，也是现代社会中权利本位的体现。在调研中，项目制下存在公众参与意识不强、素质低、参与能力有限的问题，但也可以看到，公众在涉及自身利益的问题中能表现出强烈的参与欲望。当前参与问题与非制度化的参与较多，很大一部分原因在于参与渠道不畅、参与方式不佳。其中最突出的表现为层出不穷的上访问题，虽然上访是大量的矛盾与利益纠纷造成的，但也是公民对自身切身利益关注的表现。因此，社会治理优化需要对参与意识进行关注，并积极应对与满足公众各类的参与需求。

（二）强化公众参与行为

公众的参与行为影响社会治理的实现，反过来社会治理的实现离不开公众的有效参与。从参与行为的方式来看，包括制度化的参与与非制度化的参与、个人参与以及团体参与。公众有基于兴趣、利益等组织起来的各类小团体，团体的制度化参与对于项目的整体效果提升影响更大。从参与的对象来看，包括政府投资项目、企业投资项目、社会组织投资项目、个人投资项目等。从参与效果来看，公众参与度的提高既能强化项目的监督，又能提升整个项目的治理水平。因此，社会治理呼吁公众的参与行为，公众参与行为的优化也有利于社会治理的有效实现。特别是涉农类项目应加强农民主体的参与，2023年国家乡村振兴局、中央组织部、国家发展改革委、民政部、自然资源部、住房城乡建设部、农业农村部共同研究制定了《农民参与乡村建设指南（试行）》，具体规定了农民参与乡村振兴的方法、内容、保障等，为提高乡村振兴的参与度提供了重要的制度支撑。

第三节　县域市场治理的优化

一　优化政府与市场关系

县域市场治理的优化必须保证市场在资源配置中的主体地位，实行政企分离，明晰政府与市场的界限，处理好政府与市场之间的关系。项目制在项目建设过程中的重要环节即必须将项目转包给市场的主体，在该过程中容易出现腐败现象。市场在价值规律下能够按其自发的规律进行资源配置，政府只是公共服务提供的主体，从一定程度上而言政府也是受市场资源配置的一员。但由于政府对于资源有权威的分配权，容易出现权力控制市场、权力侵占市场的情况。因此，一方面，政府应实现职能转变，明确公共服务提供者的身份，遵循市场发展规律；另一方面，提高市场配置资源的有效性，特别是西部地区县市应提升经济发展水平，培育市场力量。

经济发展落后地区，市场难以形成与政府平等的力量，反而市场是在政府的干预与主导下进行的，市场发展对政府的依赖程度较大。在调研中笔者深刻地感受到西部地区的工业化、市场化程度还不够高，全县无成规模的工业与大型的企业。H 县原本属于矿产资源丰富的县，全县经济曾一度依靠矿产而跻身在所辖市下各县的前列。但即便是经济发展最繁荣的时期，其经济发展也只依赖几家大型的矿产企业，并且这些企业的开采都是无序的乱挖乱采。当前，随着矿产资源的减少，近几年 H 县经济不景气的现象较为严重，乱挖乱采所带来的环境污染更是成为县域民众反映强烈的问题。不仅如此，就 H 县市场经济发展的整体情况来看，除了县城区域较成熟的市场经济外，其余各乡镇主要依靠 5 天一次的乡村集市来满足民众的物质与商品交换需求。随着农村外出务工人员的增多，乡村集市也越来越萧条。在这样的情况下，政府基本上成为县域公共领域的主导者，市场与社会都相对弱化。在整个县域，政府官员与普通民众都理所当然地认为只有政府才是资源的主导者，是治理的主体，其余治理力量较难受到重视。

二　培育多元市场治理主体

企业是市场领域的重要主体，在县域主要由龙头企业、各类小企业和招商引资企业等共同进行市场的活动，从而形成了市场内部的运作格局与治理体系。市场治理是以企业的运作模式、以市场规律为原则、以实现资源最优化配置为目标的治理。企业是以盈利为目的的市场主体，在追逐利润最大化时会产生"市场失灵"的弊病。因此，政府作为最权威的资源配置方能够从宏观上对市场各主体进行调控，以弥补市场失灵的情况。

县域龙头企业作为本土发展壮大的企业，是县域最主要的经济主体。从 H 县来看，除两大矿业企业外，主要带动扶贫项目的公司为苗公司与羽公司，两大公司成为带动县域脱贫致富的主力。而苗公司与羽公司的创立走的又是不同的路径，笔者在调查中得知苗公司的壮大与政府的扶持与扶贫资金的资助关系较大，苗公司是政府主导经济发展的典型实例；而羽公司一直是依靠自身实力做大做强的企业，企业在创立之初充分把握了市场先机，抓住市场需求实现了企业的盈利。从两大公司目前的运营状况来看，苗公司由于与政府有较强的利益联系，政府将各项脱贫指标与任务以行政指标的形式分派给公司，公司的运营背负着政府的任务指标，公司的运营也受到政府行政命令的限制；而羽公司一直保持较好的运营，但近些年政府也将脱贫的任务分派给羽公司，公司发展也需要政府提供资金支撑，由此羽公司也与政府建立了利益合作关系，逐渐成为与政府相关的利益体。

从招商引资的企业来看，H 县整个的市场状况与发展前景难以吸引大型的企业入驻，目前入驻的企业也面临发展艰难与撤离的情况。H 县每年会制定相应的招商引资指标，政府成为经济的重要引导体，政府原本的公共服务提供者角色被经济发展角色所替代。

近些年来，在精准扶贫和乡村振兴政策的支持下以村民为单位发起的合作社、专业大户、家庭农场等新型农业主体也成为值得关注的对象。合作社一般由村里能人或致富带头人发起，由村民自愿加入，合作社主要发展各类经营。其他类型的新型农业主体也在市场经济下不断发展。但是也出现各类以套取国家精准扶贫和乡村振兴资金为目的的虚假合作社，需要政府加强监管和审查。

三 市场治理制度化

市场治理的优化有赖于各市场主体的良性运作以及政府角色

的准确定位，法律与制度是规范二者的重要保障。从以上分析中可见，政府公共服务角色的准确定位是市场治理优化的重要前提；市场主体的有效运转以及良好发育是市场治理优化的关键。因此，县域治理的优化需要围绕市场主体与政府展开，而政府运作以及市场运行的规范需要依靠健全的法律以及制度。法律与制度作为客观的规范能够对各主体形成有力的约束，并且不受其他主体的制约。法律与制度是独立于各主体的规范，对于政府与市场能够进行更客观的约束。

因此，总的来看，项目制下优化县域行政运行、推进国家治理现代化应做到以下几点。

（一）各治理主体明确职能，构筑基层多元治理体系

当前项目制下县域多元治理主体中包含政府、社会组织、企业、民众等，并且治理格局呈现"政府主导、其他主体参与"的治理特征，朝着多元协同治理所倡导的协商共治的格局发展。也因此，多元协同治理格局的构建需要对各治理主体的职能进行明确。首先是政府职能的定位与规范。"由于主权者的抽象性、虚置化，任何个体公民无从代表主权者，而统治者的实体性、实权化，并有庞大国家机器和国家资源的支撑，因此，在现实政治运作中，主权者与统治者，权利与权力的格局,实际上存在巨大的不平衡性和力量不对称性。"[①]在脱贫地区政府与社会、市场、民众关系中政府的主导地位愈加明显，当前乡村振兴在某种程度上呈现的是政府主导下的乡村振兴模式。因此，需要加强政府内部权力运行的法治化与规范化，用法律与制度的形式对权力进行约束，保证政府权力运行的科学性与规范性。同时，转变政府职能，明确政府在市场、社会中的职能定位，"现代化要求政府作为多元治理主体的一元，它的功能和作用是维持经济社会秩序的法治架构并提供公共产品和公共服务，它与其他社会主体或市场治理主体的关系

[①]　周少来:《当代中国民主发展与政治参与——现代化进程中的民主化生成视角》,《江苏师范大学学报》(哲学社会科学版) 2017 年第 1 期，第 112~123 页。

是一种平等的、合作与协商的共治关系"①。除政府职能的规范与定位之外，还需要对社会组织、企业、公民等治理主体的治理职能及治理范围进行规范，通过构建"多元参与、协同治理"的制度体系，以制度及法律的形式使多元治理主体的治理行为与治理活动有序进行。就目前情况来看，社会组织应加强各自组织的专业性建设，针对自身领域的治理活动发挥专业领域特长，在自身的优势领域进行乡村振兴。市场主体如企业等按市场规律提供公共服务。个人加强组织化的项目参与，同时村庄层面强化村民自治，并且处理好项目治理中的正式组织、非正式组织、村民自治、村庄宗族势力等的关系。整体而言，各主体"各司其职"，防止政府权力对社会、市场等的侵入，用制度、法律等方式共同构建多元协同共治的县域治理体系。

（二）强化共建共治共享理念，打造民主协商合作模式

在共建共治共享的理念下，提倡治理主体的多元性、治理方式的协同性、治理成果的共享性，加强多元治理中的共建共治共享理念，并以民主协商合作的形式推进多元协同共治。首先，从政府、社会、市场关系上看，处理好共建共治共享理念基础上的三者关系，"'全民共建共享'体现了政府、市场与社会在解决社会问题、满足社会需求和创造社会价值的社会治理实践中所具有的共治性、公共性和价值共享性"②。即从政府、社会、市场三者关系的格局上进行治理边界的划分，在边界清晰的基础上共同协作以实现治理目标。其次，加强各主体间的信息共享与治理行为的合作与沟通。针对信息不对称以及项目沟通不及时导致的资源浪费、项目时间消耗等，应加强治理中的信息共享、治理行为的协调联动、治理效果的及时反馈。最后，创造协商条件，及时化解治理中的矛盾与分歧。当前政

---

① 周庆智：《论中国基层政府治理现代化》，《武汉大学学报》（哲学社会科学版）2016 年第 3 期，第 5~15 页。

② 周红云：《全民共建共享的社会治理格局：理论基础与概念框架》，《经济社会体制比较》2016 年第 2 期，第 123~132 页。

府是项目协同治理的主导方与主要力量，政府在转变职能的同时增
加公权力系统的开放度，创造协商与参与的条件，设立政府、社会
组织、企业、民众之间的矛盾协调机制以及协商规则，可以通过征
求多方意见共同确立、共同协商的方式达成项目协同治理。还可发
挥村庄传统的村规民约以及村庄宗族在村庄治理结构中的作用。在
具体矛盾中，确立以群众利益为导向的解决理念，以群众利益为行
动与治理的指南。矛盾的调处遵从群体利益最大化的原则，在群体
最大受益的情况下调整项目目标，协调项目行动，从而制定最合理
有效的项目推进方式，实现项目资源的最优化。因此，在共建共治
共享理念下构筑多元协同治理体系，以协调多元主体关系、确立良
好合作基础、明确协同合作目标等重要的"软件"方面建设。

（三）优化资源配置，保持多元主体治理独立性

多元协同治理主体的独立性是协同治理实现的重要前提，多元
协同治理是治理主体相互独立前提下的协同治理，而资源配置的优
化对于治理主体独立性的实现至关重要。特别是对于脱贫地区多元
治理主体对政府项目资源的依赖问题，更需要加大资源整合力度，
实现各治理主体间独立平等地开展治理。一方面，从政府层面来看，
政府需要健全资源的分配与供给机制，通过政策与制度化的方式将
掌握的资源进行合理的分配，一来以确保资源有效合理地分配至村
庄与民众；二来为其他主体申请与利用项目资源提供公平、有效、
开放的渠道，防止获取政府项目资源过程中的不良竞争。政府应将
基层治理现状中的"政府主导型治理"向"政府引导型治理"过渡，
再向"多元协同治理"的方向转化。另一方面，就其他治理主体来
看，各主体应扩大自身的资源获取与筹措渠道，强化自身治理能力
建设。社会组织应从组织制度、组织管理、组织目标等方面规范组
织建设，拓宽公益资金的筹措渠道，充分利用组织的社会影响力联
络多方面的资源。企业应充分发挥自身优势，创造更多就业机会，
增加企业效益，优化"龙头企业＋合作社＋农户"的乡村振兴模式，

在龙头企业的优势效益下带动群体的长期发展与共同富裕。公民应
加强参与的组织化及有序化,将原子化的个人以组织的形式参与到
治理中来。如在村庄中村民通过成立合作社以及加入兴趣小组的形
式参与到乡村振兴治理中来。综合来看,通过以上方式,在各主体
自身治理能力培育与治理资源强化的基础上,增强自身治理能力,
进而保持自身的独立性,减少治理的依赖性。相较于发达地区,脱
贫地区的社会发育能力较差,社会组织、市场主体、公民等的治理
意识、治理能力等都难以在短期内达到与政府相平衡的水平。也因
此,项目制下需要政府在转变自身理念与职能的前提下,建设开放
的治理结构,塑造多元协同治理体系格局,实现基层治理现代化。

第四节　项目制下县域治理优化:一个分析框架

　　综合以上分析,结合治理现代化的内容以及项目制下县域发
展特征与问题,尝试提出项目制下县域治理优化的分析框架,如图
6-1 所示。

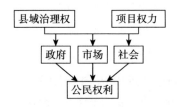

图 6-1　项目制下县域治理优化的分析框架

　　图 6-1 展现了县域治理优化框架下各治理主体间的关系,县域
治理涉及六大元素,六大元素之间的关系及治理逻辑可以从以下几
个方面进行阐述。

　　第一,项目权力与县域治理权的结合。项目制下项目成为县域
治理的重要方式,在整个县域围绕项目而展开的活动中形成了影响
力较大的项目权力,该权力给整个县域的人、财、物变动带来了重

要的影响。这种项目权力与县域治理权形成了一定的张力，县域治理需要将项目权力与县域治理权有机、高效结合，真正实现项目制"嵌入"科层制下的有效治理。

第二，政府－市场－社会关系明晰下的治理。项目制将政府、市场与社会三者以项目的形式更紧密地联系起来，在项目制下三者互动与利益关联更为紧密。但不论项目权力还是县域治理权力都应在政府、社会、市场关系明晰下进行，县域治理的优化是在三者均衡发展基础上的多元主体治理。同时，政府、社会、市场的治理格局是在县域治理权力与项目权力结合下的大治理格局体系。

第三，公民权利的实现是治理的最终目标导向。不论是项目制还是传统的科层制，政府、社会组织、企业等都是以公民为本位的治理取向，最终是要完成公民权利的充分实现，保障公民的参与权与受益权。政府、社会组织等都是公共服务提供者，企业是政府购买公共服务的重要对象，为民众提供最优质的公共服务是各治理主体的治理取向。

第四，利益协调贯穿于治理的整个过程。图6–1中的六大元素在互动过程中必然会带来利益关系的变动，县域治理应始终注重利益的协调，保障多元利益主体的利益实现，并尽可能化解利益矛盾与纠纷。

县域中公权力系统在整个治理格局中的力量仍比较强大，我国县域治理处于政府主导式治理向多元协同治理过渡的阶段。因此，县域治理当前首要的任务是对县域行政运行进行规范，明确政府的角色与在治理中所处的地位。具体来看，一是需要政府实现当前的市场经济人角色向公共产品提供者角色的转变。当前，政府大部分情况下仍把自身当作经济人，相当于市场的主体之一，通过项目制治理，谋取投资回报，推动经济增长，土地财政是政府经济人角色的典型。由此，政府应当将自身转变为公共产品与服务的提供者，通过项目制治理，为社会提供更优质的基本公共服务。二是政府减少对市场的干预，转而作为经济和社会活动的"裁判员"，通过项目制治理，体现价值导向和政策取向，而不是主导市场。比如精准扶贫中针对带动贫困户的产业项目与龙头企业，政府通过财政补贴、基础设施配套建设等方式提供支持，即给该类产业与企业奖励和加分，而不是主导产业和企业。三是政府对公民参与进行有效吸纳，壮大社会领域，以形成有效的社会治理。

县域治理的优化可以总结为"中国必须把以简政放权为核心的行政体制改革、以释放活力减少经济性规制的市场改革、以能力建设为核心的社会建设三者有机地结合起来，从而实现三者的有机互动和系统推进"①。

---

① 薛澜、李宇环:《走向国家治理现代化的政府职能转变：系统思维与改革取向》,《政治学研究》2014 年第 5 期，第 66 页。

结　论

　　项目制是自税费改革以来县域发生的新变化，通过对项目制下县域行政运行的理论分析与实证考察，本书对项目制下县域行政运行现状以及给县域治理带来的新变化与新问题做了如下总结。

　　第一，项目制与县域行政运行及治理的内在联系。项目制是县域围绕项目运作及项目流程所形成的一种体制与机制，这种体制与机制与县域行政运行及治理之间的内在各组成部分及各要素相互影响、共同推进。具体表现为：项目运作各流程的项目酝酿、项目申报、项目批复、项目实施、项目反馈、项目监督、项目审计、项目运营等环节是"嵌入"县域行政之中的，项目制与县域行政运行的内在机制、管理方式、考核目标、资金分配、人事安排、职能分工等共同推动着县域的发展。项目制、县域行政、县域治理三者成为当前基层治理的关键因素，是考察与推进基层治理进而实现国家治理现代化的关键力量。

　　第二，项目制下县域行政运行产生了新变化。在"项目治县""项目兴县"的项目运作下，县域行政在运行模式、动员模式、职能分工、资源供给等方面发生了较大变化。首先，原本的科层制运行模式转变为"科层为体、项目为用"的运行模式；其次，政府动员由层级动员变为项目动员，县、乡镇、村之间的互动通过项目纽带极大的紧密起来；再次，政权职能分工主要围绕项目展开，大量临时的项目指挥部集合了县域主要的人力、财力与物力，部门之间的合作也主要集中在项目建设间；最后，上级政府对县域的资源供给也主要以项目为载体来进行，项目成为政府公共服务提供的主要模式。

第三，项目制下县域治理面临的新问题与新困境。在项目制带来的县域行政运行的变化下，县域治理的治理方式、治理对象、治理格局、治理成效都主要以项目为中心，项目成为县域治理的主要对象，县域治理格局转变为项目权力格局。由此，项目所带来的恶性竞争、政绩工程、项目依赖、资源分配不均、项目腐败、政府公信力受损、征地拆迁矛盾、项目权力与项目利益绑架等成为县域治理面临的新问题。同时，政府作为项目资源的权威掌握者，项目制的推行也加大了政府的治理权力与治理地位。而这种趋势与治理现代化所要求的治理主体多元、治理方式多样、治理多元主体协同是相违背的，也就产生了"政府权威资源地位与多元治理主体参与""治理方式多样与单一的项目治理方式""治理的项目绩效导向"的县域治理新困境。

第四，当前及未来县域治理优化的对策及建议。通过对项目制的分析，透过项目制所展现的县域行政运行状态及县域治理问题，县域治理的优化及治理现代化的实现需要从以下四大方面进行突破：县域行政的优化、县域社会治理的优化、县域市场治理的优化、县域利益的协调。县域治理四大方面的优化中最为关键的在于规范县域行政的运作，县、乡镇、村权责的对等；增加社会组织、市场主体、公民的治理参与；有效发挥多元治理主体的治理功能；打破"利益共谋"格局。在此基础上，形成有效的法律与制度保障，推进县域治理多元主体治理的法治化及制度化。

当然，本书主要是以西部地区贫困县 H 县为案例的剖析，H 县的实证研究在研究代表性与典型性以及向全国推广的普遍性上还需要增加论证。但本书对于 H 县的田野调查与研究还是较为全面地反映了当前项目制下县域行政运行的实践样态，为县域行政与县域治理的研究提供了生动现实素材的同时，也丰富了县域治理与基层治理的理论宝库。

　　由于研究的理论与现实限制，以及笔者研究能力有限，在项目制下县域行政与中央、省、市级行政的互动，县域行政内部党政系统的优化，县域治理与基层治理如何依据项目更有效地推进，项目制的未来发展与县域治理的未来展望等问题还有待回答，有关县域项目制研究的广度与深度也有待进一步深化。这些问题也依赖更多研究者及笔者在未来的研究中更好地回答。

参考文献

《中共中央关于全面深化改革若干重大问题的决定》,《人民日报》2013
　　年 11 月 16 日。

安世绿:《专项扶贫项目中微观主体的行为分析——以一山区贫困县
　　的波尔山羊专项扶贫项目为例》, 硕士学位论文, 中国社会科学
　　院研究生院, 2003。

彼得·布劳、马歇尔·梅耶:《现代社会中的科层制》, 马戎、时宪
　　民、邱泽奇译, 学林出版社, 2001。

曹海军:《"三社联动"视野下的社区公共服务供给侧改革——基于 S 市
　　项目制和岗位制的案例比较分析》,《理论探索》2017 年第 5 期。

曾本伟:《共建共享视域下中国城市基层治理现代化的内在逻辑与实
　　践路径基于珠三角核心城市典型案例的研究》, 博士学位论文,
　　吉林大学, 2017。

曾庆捷:《"治理"概念的兴起及其在中国公共管理中的应用》,《复
　　旦学报》(社会科学版) 2017 年第 3 期。

巢小丽:《县域如何治理:一个分析框架——对"宁海 36 条"的观
　　察》,《北京行政学院学报》2017 年第 3 期。

陈国权、李院林:《论县政的内涵及其改革的实质与目标》,《社会科
　　学战线》2010 年第 8 期。

陈航、刘珂、陈小林:《加强县级部门资金管理风险防范机制建设》,
　　《中国农业会计》2011 年第 10 期。

陈水生:《项目制的执行过程与运作逻辑——对文化惠民工程的政策学考察》,《公共行政评论》2014 年第 3 期。

陈为雷:《社会服务项目制的建构及效应分析》,博士学位论文,南开大学,2013。

陈紫葳:《项目制视角下政府购买社会工作服务研究——以北京市为例》,硕士学位论文,中国青年政治学院,2016。

邓少君:《风险社会视域下基层矛盾治理研究——基于广东省的实践样态》,博士学位论文,武汉大学,2016。

狄金华:《项目制中的配套机制及其实践逻辑》,《开放时代》2016 年第 5 期。

董娟:《关于减少行政层级的思考——行政派出模式的一种审视》,《中国行政管理》2009 年第 5 期。

杜春林:《农村公共服务项目制供给“碎片化”研究》,博士学位论文,南京农业大学,2016。

杜力夫、魏登峰:《从“乡政村治”到“县政乡治”——新农村建设中乡村治理模式再探讨》,《华东经济管理》2007 年第 2 期。

杜丽:《精准脱贫中产业扶贫的路径分析——以湖北省天门市 119 个贫困村脱贫实践为例》,《农村经济与科技》2017 年第 22 期。

杜赞奇:《文化、权力与国家——1900—1942 年的华北农村》,王福明译,江苏人民出版社,2010。

樊红敏:《县域政治:权力实践与日常秩序——河南省南河市的体验观察与阐释》,中国社会科学出版社,2008。

樊红敏:《县政改革:中国改革下一步的关键点》,《中国行政管理》2011 年第 1 期。

樊红敏:《转型中的县域治理:结构、行为与变革——基于中部地区 5 个县的个案研究》,中国社会科学出版社,2013。

樊婷:《“项目进村”背景下乡村社会治理主体间互动关系研究——以 R 村为例》,硕士学位论文,贵州大学,2016。

方成云:《当代中国行政改革的基本动力和目标模式——以第六次行政改革为重点》,博士学位论文,中国社会科学院研究生院,2017。

方来武:《中国特色社会主义公民政治参与研究》,博士学位论文,中央财经大学,2015。

房宁、周庆智:《政治参与蓝皮书:中国政治参与报告(2016)》,社会科学文献出版社,2016。

费孝通:《江村经济》,北京大学出版社,2016。

费孝通:《乡土中国 生育制度 乡土重建》,商务印书馆,2011。

公丕祥:《传统中国的县域治理及其近代嬗变》,《政法论坛》2017年第4期。

郭斌:《中国县政府职能变迁及其影响因素研究——以陕西省户县为个案》,博士学位论文,兰州大学,2016。

郭清岁:《"项目下乡"模式的治理困境及对策研究——以泉州市Y镇"项目下乡"为例》,硕士学位论文,福建师范大学,2016。

韩春晖:《"省管县":历史与现实之间的观照——中国地方行政层级的优化改革》,《行政法学研究》2011年第1期。

贺雪峰:《地权的逻辑——中国农村土地制度向何处去》,中国政法大学出版社,2010。

贺雪峰:《谁的乡村建设——乡村振兴战略的实施前提》,《探索与争鸣》2017年第12期。

贺雪峰:《行政体制中的责权利层级不对称问题》,《云南行政学院学报》2015年第4期。

胡彬、胡晶:《"强县扩权"的体制困境:行政层级间的博弈》,《中国工业经济》2016年第12期。

黄文宇:《产业扶贫项目主体行为及其运行机制的优化——基于P县"万亩有机茶园"项目的考察》,《湖南农业大学学报》(社会科学版)2017年第1期。

黄宗智、龚为纲、高原:《"项目制"的运作机制和效果是"合理化"吗?》,《开放时代》2014 年第 5 期。

黄宗智:《华北的小农经济与社会变迁》,中华书局,2000。

姬生翔:《"项目制"研究综述:基本逻辑、经验推进与理论反思》,《社会主义研究》2016 年第 4 期。

纪莺莺:《文化、制度与结构:中国社会关系研究》,《社会学研究》2012 年第 2 期。

贾福飞:《参与式扶贫:地方政府项目扶贫困境及对策研究》,硕士学位论文,贵州财经大学,2017。

焦国华:《分税制财政体制:评价与建议》,《财经论丛(浙江财经学院学报)》2003 年第 6 期。

金荣学、宋菲菲、周春英:《从分税制视角看地方政府性债务治理》,《税务研究》2014 年第 1 期。

景跃进:《从"社会管理"到"社会治理"——学习十八届三中全会〈决定〉有感》,《华中科技大学学报》(社会科学版)2014 年第 3 期。

孔飞力:《叫魂:1768 年中国妖术大恐慌》,陈兼、刘昶译,生活·读书·新知三联书店,2012。

郎玫、张泰恒:《改革开放三十年中国行政体制演化的理论与实践研究——一个基于政府、市场、社会的分析框架》,《经济体制改革》2008 年第 5 期。

李昌平:《中国乡村复兴的背景、意义与方法——来自行动者的思考和实践》,《探索与争鸣》2017 年第 12 期。

李华:《以行动者为导向的精准扶贫项目运作研究——以 J 市 Z 区的案例为基础!》,《广东行政学院学报》2018 年第 1 期。

李辉山、曹富雄:《精准反腐:精准扶贫的政治生态保障——马克思主义发展的当代中国形态研究》,《社科纵横》2018 年第 1 期。

李明:《PPP 公共体育服务项目国家治理思想、生成机制和存续逻

辑——从公共管理学视角谈起》,《武汉体育学院学报》2017年
第2期。

李鹏:《新中国成立初期中国共产党农村政权建设研究(1949—
1956)》,硕士学位论文,湖南工业大学,2017。

李平原:《浅析奥斯特罗姆多中心治理理论的适用性及其局限性——
基于政府、市场与社会多元共治的视角》,《学习论坛》2014年
第5期。

李世成:《产业扶贫资金精准配置到户的对策》,《农村财务会计》
2017年第12期。

李耀锋:《项目制研究的现状与新路径》,《重庆大学学报》(社会科
学版)2016年第5期。

李永友:《转移支付与地方政府间财政竞争》,《中国社会科学》2015
年第10期。

李元珍:《村庄的项目接应能力与效应研究——基于项目纠纷化解视
角》,《湖南农业大学学报》(社会科学版)2016年第6期。

李祖佩:《分利秩序——鸽镇的项目运作与乡村治理(2007—2013)》,
社会科学文献出版社,2016。

李佐军:《十八届三中全会的国家治理思想》,《华中科技大学学报》
(社会科学版)2014年第3期。

梁建强:《扶贫项目要多让百姓"说了算"》,《农村经营管理》2016
年第12期。

林聚任、曲丽、刁立侠:《"项目进村"与村庄转型发展——以烟草企
业"非烟生态村"项目为例》,《探索》2016年第3期。

刘冲、乔坤元、周黎安:《行政分权与财政分权的不同效应:来自中
国县域的经验证据》,《世界经济》2014年第10期。

刘海潮:《当代中国国家治理体系建构的内在逻辑诠释——基于政府
与市场、社会关系的分析》,《新视野》2014年第3期。

刘华:《国家治理现代化视域下的中央与地方关系》,《江苏社会科

学》2017年第2期。

刘俊生、何炜：《从参与式扶贫到协同式扶贫：中国扶贫的演进逻辑——兼论协同式精准扶贫的实现机制》，《西南民族大学学报》（人文社科版）2017年第12期。

刘璐璐：《合作社参与精准脱贫案例分析》，《中外企业家》2017年第29期。

刘璐璐：《基于基线调查的扶贫项目效果分析》，《经贸实践》2017年第24期。

刘伟：《迈向现代国家——新中国建国六十年国家政权建设的回顾、总结与展望》，《甘肃行政学院学报》2009年第5期。

刘雅茹：《因户施策 项目扶贫》，《通化日报》2016年9月20日。

柳新元、杨腾飞：《简政放权：当前政府职能转变的一个路径选择》，《黑龙江社会科学》2017年第1期。

马光荣、郭庆旺、刘畅：《财政转移支付结构与地区经济增长》，《中国社会科学》2016年第9期。

马会会：《论我国分税制的现状及其完善》，硕士学位论文，中央民族大学，2011。

马基随：《突出项目扶贫产业扶贫技能扶贫务实扶贫》，《商丘日报》2012年4月23日。

马良灿：《不能再让利益关系绑架扶贫项目》，《中国老区建设》2013年第10期。

马良灿：《农村产业化项目扶贫运作逻辑与机制的完善》，《湖南农业大学学报》（社会科学版）2014年第3期。

马良灿：《项目制背景下农村扶贫工作及其限度》，《社会科学战线》2013年第4期。

马晴：《"项目进村"过程中村干部腐败行为研究》，硕士学位论文，华中科技大学，2014。

马云博：《城市社区居民自治的项目化路径研究——以上海市L社区

"自治金"项目为例》，硕士学位论文，华东理工大学，2016。

马振清、王勇军:《国家治理现代化与正确处理政府、市场和社会的
　　关系》,《河北学刊》2016年第2期。

马正立:《简政放权的行动逻辑与实现路径——基于国家治理现代化
　　视角》,《理论导刊》2016年第10期。

苗子豪:《如何深化"分税制"财政体制改革》,《当代经济》2017年
　　第20期。

潘铎印:《严查彻究确保涉农扶贫资金》,《中国农业会计》2016年第
　　3期。

潘沛:《项目制中的权控型结构及其运作——对X市园艺博览会（项
　　目）的透视》，硕士学位论文，上海师范大学，2015。

庞忆:《改革开放初期中国共产党关于乡镇企业的政策研究——以
　　1978—1992年天津市静海县大邱庄乡镇企业发展为例》，硕士
　　学位论文，天津大学，2016。

彭润金:《中国县域政治研究评估与展望》,《中国社会科学报》2016
　　年3月23日。

彭云:《从"县政改革"到"县域治理"：县域政治研究述评》,《甘
　　肃行政学院学报》2016年第3期。

齐卫平、陶厚勇:《邓小平与改革开放初期的三次思想争论》,《毛泽
　　东邓小平理论研究》2014年第7期。

秦上人:《基层社会治理创新的制度化——一项多案例研究》，博士学
　　位论文，浙江大学，2016。

邱静:《社区治理项目化运作的模式比较研究——以P区社区自治金
　　项目为例》，硕士学位论文，上海师范大学，2017。

渠敬东、周飞舟、应星:《从总体支配到技术治理——基于中国30年
　　改革经验的社会学分析》,《中国社会科学》2009年第6期。

渠敬东:《项目制：一种新的国家治理体制》,《中国社会科学》2012
　　年第5期。

饶静:《"项目制"下节水农业建设困境研究——以河北省 Z 市高效
   节水农业技术推广为例》,《农业经济问题》2017 年第 1 期。

荣敬本、崔之元、王拴正、高新军、何增科、杨雪冬等:《从压力型
   体制向民主合作体制的转变——县乡两级政治体制改革》,中央
   编译出版社,1998。

萨日娜、刘守亮:《县域治理体系要件建设和治理能力提升的着力
   点》,《山东社会科学》2015 年第 9 期。

塞缪尔·P. 亨廷顿:《变化社会中的政治秩序》,王冠华、刘为等译,
   上海人民出版社,2008。

史普原:《科层为体、项目为用:一个中央项目运作的组织探讨》,《社
   会》2015 年第 5 期。

宋涛:《"项目进村"中乡政与村治的良性互动——以 Z 村调查为
   例》,硕士学位论文,浙江师范大学,2014。

宋学文:《中国地方行政层级体制的历史嬗变规律辨析》,《理论与改
   革》2015 年第 3 期。

苏霞:《"项目治村"的运作逻辑》,硕士学位论文,华中师范大学,
   2014。

孙群力、朱良华:《精准扶贫背景下财政专项扶贫资金的使用效率
   评价——基于广西 54 个贫困县的实证分析》,《经济研究参考》
   2017 年第 41 期。

孙新华:《"项目进村"的私人化运作与村庄建设困境——基于湘中英
   村的经验》,《现代城市研究》2016 年第 10 期。

唐佩:《项目扶贫:欠发达地区地方政府的一种治理模式——基于
   贵州省艾纳香项目的研究》,硕士学位论文,贵州财经大学,
   2014。

涂希言:《非正式权力的正式运作:公共品下乡的困境与实践——以
   W 镇 Q 村为例》,硕士学位论文,华中科技大学,2013。

王宾、赵阳:《农村税费改革对中西部乡镇财力影响的实证研究——基

于 4 省 8 县抽样调查数据的分析》,《管理世界》2006 年第 11 期。

王才章:《地方政府社会治理创新的项目制运作》,《重庆社会科学》
    2017 年第 3 期。

王春娟:《科层制的涵义及结构特征分析——兼评韦伯的科层制理
    论》,《学术交流》2006 年第 5 期。

王浦劬:《论新时期深化行政体制改革的基本特点》,《中国行政管
    理》2014 年第 2 期。

王清:《项目制、常规制与混合制:对政府购买服务中横向部门差异
    的分析》,《四川大学学报》(哲学社会科学版) 2016 年第 5 期。

王守义:《财政转移支付对县级政府基本公共服务供给效率影响研
    究》,博士学位论文,云南大学,2016。

王帅:《文化惠民工程的项目制运作逻辑研究》,硕士学位论文,复
    旦大学,2014。

王亚茹、韩瑞波:《我国行政体制改革趋势:一个分析框架》,《重庆
    社会科学》2017 年第 3 期。

王琰:《中央财政专项扶贫资金绩效评价研究》,硕士学位论文,中
    国财政科学研究院,2016。

吴斌才:《从分类控制到嵌入式治理:项目制运作背后的社会组织治
    理转型》,《甘肃行政学院学报》2016 年第 3 期。

吴海涛、丁士军、李韵:《农村税费改革的效果及影响机制——基于
    农户面板数据的研究》,《世界经济文汇》2013 年第 1 期。

吴毅:《权力—利益的结构之网与农民群体性利益的表达困境:对一
    起石场纠纷案例分析》,《社会学研究》2007 年第 5 期。

吴毅:《小镇喧嚣:一个乡镇政治运作的演绎与阐释》,生活·读
    书·新知三联书店,2007。

肖明远、骆桂花:《"财"下庙堂,"项"上瑶山——基于连南瑶族自
    治县财政的民族地区项目制研究》,《攀登》2017 年第 5 期。

谢庆奎、杨宏山:《对我国地方行政层级设置的思考》,《红旗文稿》

2004 年第 4 期。

熊阿俊、郭为桂:《组织嵌入:1949～1953 年成都的政权建构与社会整合》,《党史研究与教学》2017 年第 5 期。

熊万胜、刘炳辉:《乡村振兴视野下的"李昌平－贺雪峰争论"》,《探索与争鸣》2017 年第 12 期。

徐孝勇、姜寒:《连片特困地区中央扶贫资金与经济增长关系研究——以四川省凉山彝族自治州国家级贫困县为例》,《西南民族大学学报》(人文社会科学版) 2013 年第 10 期。

徐祖澜:《乡绅之治与国家权力——以明清时期中国乡村社会为背景》,《法学家》2010 年第 6 期。

许汉泽、李小云:《精准扶贫背景下农村产业扶贫的实践困境——对华北李村产业扶贫项目的考察》,《西北农林科技大学学报》(社会科学版) 2017 年第 1 期。

许雪亚:《把扶贫项目的选择权交给贫困户——内蒙古自治区兴安盟产业扶贫纪实》,《农村工作通讯》2017 年第 24 期。

许瑶:《威权主义:概念、发展与困境》,《国外理论动态》2013 年第 12 期。

薛澜、李宇环:《走向国家治理现代化的政府职能转变:系统思维与改革取向》,《政治学研究》2014 年第 5 期。

薛泽林、孙荣:《分层项目制:上海市推进政府购买公共服务的经验与启示》,《上海行政学院学报》2017 年第 6 期。

阳云云:《新农村建设背景下的项目制实践机制——湘中 H 市 Y 村的案例分析》,硕士学位论文,华中科技大学,2013。

杨峰、徐继敏:《"治理体系与治理能力现代化"语境下的县域治理》,《学术论坛》2016 年第 2 期。

杨光平、杨勇军:《当前扶贫资金监管存在的问题及建议——基于湖南省部分贫困地区扶贫资金专项检查的调研》,《财政监督》2017 年第 23 期。

杨宏山、黄永青:《我国地方行政层级改革的制度分析》,《甘肃行政学院学报》2007 年第 2 期。

杨嵘均:《县乡行政管理层级的结构调整与改革路径》,《南京大学学报(哲学·人文科学·社会科学)》2014 年第 3 期。

杨善华、苏红:《从"代理型政权经营者"到"谋利型政权经营者"——向市场经济转型背景下的乡镇政权》,《社会学研究》2002 年第 1 期。

杨善华:《"项目制"运作方式下中西部农村社会治理的马太效应》,《学术论坛》2017 年第 1 期。

杨雪冬:《市场发育、社会生长和公共权力构建——以县为微观分析单位》,河南人民出版社,2002。

杨志银:《扶贫资金安全运行与监管研究——以贵州省为例》,《上海经济研究》2017 年第 4 期。

易洪、夏明:《斩断伸向扶贫资金的"黑手"——四川扶贫资金审计案例解析》,《农村财务会计》2016 年第 12 期。

殷浩栋、汪三贵、郭子豪:《精准扶贫与基层治理理性——对于 A 省 D 县扶贫项目库建设的解构》,《社会学研究》2017 年第 6 期。

尹广文:《多元主体参与社区场域中的协同治理实践——基于四种典型的社区治理创新模式的比较研究》,《云南行政学院学报》2016 年第 5 期。

尹华广:《论构建基层矛盾的多元化解决机制——基于"枫桥经验"的实证分析》,《公安学刊(浙江警察学院学报)》2011 年第 4 期。

于建嵘:《岳村政治:转型期中国乡村政治结构的变迁》,商务印书馆,2001。

于建嵘:《中国的县政改革实践:困境与出路》,《中国延安干部学院学报》2011 年第 1 期。

于江:《国家治理现代化的逻辑理路——基于多元主体协同治理视角》,江苏省第八届学术大会学会专场论文哲学社会类论文汇编，中国会议，2014。

俞可平主编《中国治理变迁 30 年（1978—2008）》，社会科学文献出版社，2008。

贠杰:《当前地方政府简政放权改革的实施效果及对策建议》，《中国党政干部论坛》2016 年第 8 期。

袁南昌:《县域治理的政治基础——以 XW 县为例》，硕士学位论文，南昌大学，2017。

张城彬、孙玉栋:《分税制改革后我国政府间财政关系研究》，《现代管理科学》2017 年第 12 期。

张国玉:《把握县域治理规律性，推进县域治理现代化》，《中国经济时报》2016 年 7 月 25 日。

张建平:《马克斯·韦伯科层制思想解析》，《社会科学论坛》2016 年第 4 期。

张静:《基层政权:乡村制度诸问题》（增订本），上海人民出版社，2007。

张新文、高啸:《农村项目扶贫存在的问题及优化途径》，《长白学刊》2018 年第 1 期。

张雄、张紫芬:《乡村振兴背景下如何破解民族地区产业扶贫瓶颈》，《中国民族报》2017 年 12 月 15 日。

张学博:《项目治国和政府绩效:从县乡村治理切入》，《学术界》2017 年第 1 期。

张雪霖:《"以县为主"的项目供给模式及其意外后果》，《武汉科技大学学报》（社会科学版）2017 年第 5 期。

张振洋:《当代中国项目制的核心机制和逻辑困境——兼论整体性公共政策困境的消解》，《上海交通大学学报》（哲学社会科学版）2017 年第 1 期。

赵超霖:《国家发改委将加强政府投资项目储备变"资金等项目"为"项目等资金"》，《中国经济导报》2016 年 2 月 24 日。

赵明:《西部欠发达地区地方政府治理模式研究——基于贵州省 H 村项目治理的实证分析》,硕士学位论文,贵州财经大学,2015。

折晓叶、陈婴婴:《项目制的分级运作机制和治理逻辑——对"项目进村"案例的社会学分析》,《中国社会科学》2011 年第 4 期。

折晓叶:《"田野"经验中的日常生活逻辑 经验、理论与方法》,《社会》2018 年第 1 期。

折晓叶:《县域政府治理模式的新变化》,《中国社会科学》2014 年第 1 期。

郑会霞:《精准扶贫推进中项目扶贫的实践探索与路径优化》,《黄河科技大学学报》2017 年第 3 期。

中共中央文献研究室编《十一届三中全会以来党的历次全国代表大会中央全会重要文件选编》,中央文献出版社,1997。

周飞舟:《从汲取型政权到"悬浮型"政权——税费改革对国家与农民关系之影响》,《社会学研究》2006 年第 3 期。

周飞舟:《分税制十年:制度及其影响》,《中国社会科学》2006 年第 6 期。

周黎安:《中国地方官员的晋升锦标赛模式研究》,《经济研究》2007 年第 7 期。

周庆智:《县政治理:权威、资源、秩序》,中国社会科学出版社,2014。

周庆智:《中国县级行政结构及其运行——对 W 县的社会学考察》,贵州人民出版社,2004。

周少来:《当代中国民主发展与政治参与——现代化进程中的民主化生成视角》,《江苏师范大学学报》(哲学社会科学版)2017 年第 1 期。

周雪光:《权威体制与有效治理:当代中国国家治理的制度逻辑》,《开放时代》2011 年第 10 期。

朱朝健:《贵州省农业企业扶贫开发效果评价研究——以印江县为例》,

《当代经济》2017年第36期。

朱光磊、张志红:《"职责同构"批判》,《北京大学学报》(哲学社会科学版)2005年第1期。

邹建平:《民生项目运作中乡镇政府的多元角色及其行动逻辑——以赣西茶镇为例》,硕士学位论文,浙江师范大学,2016。

邹晓涓:《1978年以来中国乡镇企业发展的历程回顾与现状解析》,《石家庄经济学院学报》2011年第2期。

Rhodes Roderick, "The New Governance: Governing Without Government," *Political Studies* 44, 1996(4): 656.

后　记

　　本书是在博士学位论文基础上修改完成的。修改的内容主要有两个方面：一方面是后期访谈和跟踪调查获取新的资料后增加了新的内容，同时更新了部分数据；另一方面是增加了乡村振兴项目的内容，其中部分内容已发表于《西北农林科技大学学报》（社会科学版）等刊物。在修改书稿的过程中，我不禁回想起自2014年底决心考博以来的点点滴滴，从2014年准备考博到现在博士学位论文出版，我的内心仿佛多了些许平静，少了几年前的焦虑与不安。也许这就是几年来的收获，不论是心理上的还是人生感悟与思想感慨上的。回顾这几年，我将其总结为三个词：幸运、感恩、转变。

　　我想我是一个特别幸运的人，特别幸运地遇上我的博士生导师周少来。周老师学识渊博、为人谦和，给我传道、授业、解惑，也是我为人处事方面的人生楷模。与周老师讨论学术问题以及在周老师的课堂上听课，我都觉得是思想的洗礼——从古代的柏拉图、亚里士多德到近现代的罗尔斯、福山等，再到最贴近现实的基层民主与田野调查，每一次聆听都是一次思想的提升。在与周老师谈及自身的人生困惑与事业工作时，他以一位过来人与长辈的口吻谆谆教导，对我关心备至。周老师说得最多的一句话是"没事，慢慢来，别着急"，这样的话既是导师对学生的信任，也是最好的教育。在这样的信任与鼓励下，我完成了博士期间应有的学术训练，也收获了良好的心态并积累了接受未来人生挑战的资本。在此，我发自肺腑地感谢周老师。

我还需要感谢很多人，特别感谢身边给予帮助的朋友、同学、亲人。本书得以出版，特别要感谢社会科学文献出版社，尤其要感谢该社的孟宁宁编辑。说实话，本书还存在很多不足，我从编辑老师的校对稿中深刻认识到书稿校对的不易，也看到了自己的不足。本书是一张人生重要阶段的答卷。不论是只有一面之缘的路人，还是身边的同学、老师、朋友、亲人，抑或是一些给我带来挫折与苦难的人，都是值得感谢与感恩的。需要感谢的人实在太多，来不及一一细数。只能告诉自己，时常怀着感恩之心，也多为他人提供力所能及的帮助。

博士学习期间，也是我的转变时期，这些转变有人生的、思想的、价值观的、学识的。经历的一些人和事让我学会更加深入地思考与总结自己，正是在这些思考与总结上，我发生了蜕变。学习、生活、田野调查、工作都是宝贵的经历，我也非常感谢这些丰富的人生经历，回想起来总能甜甜发笑，不得不感慨生活真丰富啊！

回想北方的冬天还是有点心有余悸，估计我是习惯了南方吧，但是北方的求学与生活经历也不枉是一场不可多得的人生体验。每次结束都是下一次新的开始，每次选择都将开启全新的生活旅程，在人生新的时间节点，告诉自己：去迎接新的一切吧！

图书在版编目（CIP）数据

项目制下的县域行政运行及治理 / 吴映雪著 . -- 北
京：社会科学文献出版社，2023.8
　ISBN 978-7-5228-2339-3

　Ⅰ . ①项… 　Ⅱ . ①吴… 　Ⅲ . ①县 - 地方政府 - 行政管
理 - 研究 - 中国 　Ⅳ . ① D625

中国国家版本馆 CIP 数据核字（2023）第 152887 号

项目制下的县域行政运行及治理

著　　者 / 吴映雪

出 版 人 / 冀祥德
责任编辑 / 孟宁宁
文稿编辑 / 王　敏
责任印制 / 王京美

出　　版 / 社会科学文献出版社·群学出版分社（010）59367002
　　　　　　地址：北京市北三环中路甲 29 号院华龙大厦　邮编：100029
　　　　　　网址：www.ssap.com.cn
发　　行 / 社会科学文献出版社（010）59367028
印　　装 / 三河市尚艺印装有限公司

规　　格 / 开　本：787mm × 1092mm　1/16
　　　　　　印　张：13.25　字　数：184 千字
版　　次 / 2023 年 8 月第 1 版　2023 年 8 月第 1 次印刷
书　　号 / ISBN 978-7-5228-2339-3
定　　价 / 89.00 元

读者服务电话：4008918866